Rollentausch

oder

Als Gott beschloss, noch mal ganz von vorne anzufangen

Bühnenspiel von
Otto W. Bringer

Copyright: © 2020 Otto W. Bringer
Satz: Erik Kinting – www.buchlektorat.net
Umschlag u. Fotobearbeitung: Otto W. Bringer

Verlag und Druck:
tredition GmbH
Halenreie 40-44
22359 Hamburg

978-3-347-04590-3

Bibliografische Information der Deutschen Nationalbibliothek:
Die Deutsche Nationalbibliothek verzeichnet diese Publikation in der Deutschen Nationalbibliografie; detaillierte bibliografische Daten sind im Internet über http://dnb.dnb.de abrufbar.

Vorspiel

Bühnenbild: Rückwand, auf dem das Foto eines Ster-
nenhimmels - dann vom Bild Gottvaters aus dem Genter
Altar von Jan van Eyck überstrahlt, man hört Gottvaters
Stimme aus dem Hall:

Gottvater:　　　　„Guten Abend meine Damen und
Herren hier in diesem Theater.
Willkommen auch der Mann in
der drittletzten Reihe, der glaubt,
eine Frau zu sein. Er mag sich
fühlen, wie er es fühlt.
Nun zu meiner Person: Sie werden gemerkt haben, dass ich unsichtbar bin. Und dennoch glauben die meisten Menschen, dass
es mich gibt. Müsste ich mich
vorstellen, sagte ich Gott. Jeder
auf der Welt nennt mich Gott. Die
Griechen Zeus, Germanen Wotan,
Juden Jahwe, Araber Allah. Chine-
sen Hang Xiangzi, Hindus Ama."

„Ich aber bin offen. Jeder kann
sich mir vorstellen wie er will.
Naheliegend das, was er selber
ist. Ein Jüngling. Alter Mann mit
Bart. Krieger oder Eremit. Immer
aber ist er ein Mann. Nie eine
Frau."

„Ich lasse jedem seine Einbildungskraft. Unsichtbares befördert die Fantasie. Früher oder später führt sie zum Glauben. Wer nichts weiß, kann nur noch glauben. Glauben, sehr geehrte Anwesende und Nichtanwesende, ist die Grundlage jedes Seins. Die es auch Frauen ermöglicht, sich als Göttin vorzustellen. Denn Frauen glauben an Liebe und Versöhnung. Dann aber wären sie Konkurrenz für mich, für alle Religionen der Welt. In denen Gott ein Mann ist.“

„Doch sollte sie mehr Bedeutung haben als bisher. Und damit auch Durchsetzungsvermögen. Wenn ich den Schöpfungsakt ändere und Eva zum ersten Menschen mache. Adam aus ihrer Rippe als zweiten Menschen forme. Nach allem, was ich über Männer weiß, sind Frauen die besseren Männer.“

Leise ertönt Sphärenmusik. Gottvater und Adam aus Michelangelos Fresko in der Sixtinischen Kapelle

„Wie war das noch? Mose schrieb in der Genesis Kapitel 1,27, ich habe diesen ersten Menschen nach meinem Ebenbild geformt. Ihm Leben eingehaucht. Adam genannt. Im Schlaf seine rechte Rippe heraus operiert und eine Frau daraus geschnitzt. Fühlte schon damals, es wird sehr Eigenartiges daraus. Nun gut. Es war wie es war und Adam der erste Mensch."

Bild Gottvaters wieder aus dem Genter Altar

„Es hätte ja auch gut gehen können. Wenn nicht die meisten Männer, die diesem Adam folgten, die Macht an sich gerissen hätten. Und missbraucht. Sich gebrüstet, die Herren der Welt zu sein. Frauen vergewaltigt. Kinder geschändet. Ungläubige umgebracht, Tiere gezüchtet, um sie zu schlachten, die Natur zerstört, Wälder abgeholzt, die Meere ausgebeutet, dass von all dem Lebendigen, das ich einst schuf, nur ein Bruchteil übrig blieb. Masturbiert auf Teufel komm heraus. Spermien, die die Fortpflanzung sichern sollten, spurlos im Sande verlaufen."

„Ganz zu schweigen von der Sucht der Männer, Kriege zu führen. In Ihrem Erfindungswahn Atomkerne spalteten und als Waffe einsetzten. Sodass Hunderttausende sterben mussten. Die DNA erkannt und sich eingebildet, den künstlichen Menschen zu schaffen. Neuerdings im Datennetz alles mit allem zu vernetzen, um reich zu werden wie der reichste der Welt: Jeff Bezos, Chef von Amazon. Eine Katastrophe wäre es, gelänge es Männern noch, mich vom Thron zu stoßen. Oder hinter meinem Rücken Mammon als einzigen Gott zu installieren. Nein! Nein! Das darf nicht passieren. Das ganze wunderbare Universum muss bleiben, was es war. Mit mir, der es erschaffen und als einziger erhalten kann. Klappte es nicht, würde ich meinen guten Ruf verlieren. Müsste mich verkriechen und wüsste nicht wohin. Denn Gott ist überall - wie Kollege Allah nicht müde wird zu betonen."

Man hört Explosionen, Menschen schreien . . . . . neben Gottvater erscheint der Name Allahs in arabischer Schrift, seine Stimme triumphiert:

Allah:

„Sieh Jahwe, schon wieder hat
sich ein gläubiger Moslem geopfert. Sich selbst mit einer Bombe
zerfetzt, um achtundachtzig
meiner Feinde zu töten. Der Held
ein Mann, Jahwe.
Und keine Frau.

Gottvater gelassen:

„Ich sah es ja Allah, es war ein
Mann. Einer der vielen Männer,
die Verbrecher sind. Denen das
Leben anderer keinen Pfifferling
wert ist. Willst Du Deinen guten
Ruf behalten, verpflichte sie zu
göttlicher Ordnung. einer Ordnung, die schon lange vor Dir be-
stand. Auch Du hast diese, meine
Ordnung im Koran anerkannt.
Auch wenn Du es mit anderen
Worten formuliertest. Mache
den jungen Männern klar, dass
Morden unmenschlich ist, und
damit zuletzt auch Dir schadet.
Die in Aussicht gestellten 72
Jungfrauen im Himmel werden
sie nicht lieben. Nichts als leeres
Versprechen von Salafisten, nur
um Macht über Menschen zu bekommen. Typisch Mann.“

Allah:

„Zugegeben, Jahwe, Du warst, bevor ich war. Hast Gesetze Mose

diktiert. «Du sollst nicht töten»,
eines der zehn. Aber kommen
wir zur Sache: Mose war ein
Mann, keine Frau. Du hast Adam,
den ersten Menschen erschaffen.
Alle Deine Propheten sind Männer. Bis heute sind Priester in
Deinen Kirchen Männer. Nichts
als Männer, die behaupten, Dein
Sohn Jesus hätte die Kirche mit
Männern gegründet. Es müsse
deshalb so bleiben."

wieder eine Explosion, Geschrei von Frauen

Allah: „Da hört man ' s doch. Frauen
können nur jammern und pro-
testieren. Gegen mich, gegen
Dich. In Deiner Kirche verlangen
Frauen der Vereinigung «Maria
20» Gleichberechtigung. Wollen
Priesterinnen sein. Sich mit
Mess-Gewändern kleiden und alles dürfen, was Priester dürfen.
Bei uns sind die Frauen Diene-
rinnen. Weil sie benachteiligt
sind, dank Deiner Kunst. Eine
Rippe ist eben nur eine Rippe.
Ein Knochenstück kann nicht
denken. Nicht tun, was ein Mann
kann."

man hört einen Muezzin laut durch ein Megaphon rufen

Allah:

„Da hörst Du den Muezzin zum Gebet rufen. Fünfmal am Tag, mich zu loben, mir zu danken. Alles Männer dort oben. Neuerdings mit stereophoner Technik, damit alle es hören in der Stadt. Nur Männer lehren bei uns die Wahrheit. Imame verkünden meinen Willen in den Moscheen. Und keine unwissenden Frauen. Ahne, Du willst Deine erste Schöpfung auf den Kopf stellen. Und Frau zum ersten Menschen machen. Ich rate Dir, lass die Finger davon. Auch wenn ich Vorteile davon haben sollte. Kein Mann würde Dir folgen. Deine Kirchen leer, weil alle Männer zu Mohameds Lehre konvertieren.“

Gottvater:

„Von Anbeginn bin ich großzügig, Gelassenheit mein Mantra. Jeder kann machen, was er will und für das beste hält. Folgt er nur meinen Geboten. Auch Du kannst machen, was Du willst. Noch sind Christen in der Überzahl. Weil sie überzeugt sind, meine Lehre ist die richtige. Richtig, weil sie auf den Menschen bezogen ist

mit seinen Schwächen. Bei uns
können sie beichten und alle
Sünden sind ihnen vergeben. Bei
Euch suche ich solche Gnaden-
erweise vergebens."

Allah:

„Warum, glaubst Du, setzen junge
Moslems ihr Leben aufs Spiel?
Überzeugt, kämpfen zu müssen
für mich, ihren Gott. Sich selbst
mit Dynamit in die Luft spren-
gen, um Feinde Allahs zu töten.
Einen solchen Glauben sehe ich
bei Christen nicht. Deine Märty-
rer haben nicht gekämpft, sondern sich ergeben."

Gottvater:

„Sie haben wie Deine ihr Leben
geopfert für mich, ihren Gott.
Aber gekämpft mir ihrer Todes-
angst. Was Deine Gläubigen tun,
ist Mord! Heimtückischer Mord,
den kein Christ begeht, ist er bei
Verstand. In meinen Geboten ist
festgeschrieben, dass Mord eine
Todsünde ist. Und mit ewiger
Verdammnis bestraft wird. Ge-
mäß Eurem Koran werden sie
belohnt mit 72 Jungfrauen. Nie-
derste Triebe der Männer zu be-
friedigen."

„Diesen Trieb hat Du ihnen gegeben. Lange bevor man mich
kannte. Damit die Menschheit
nicht ausstirbt. Habe keine Lust
mehr, mit Dir zu diskutieren, alter Besserwisser. Kümmere Du
Dich um Deine Angelegenheiten.
Ich kümmere mich um meine."

*Das Bild Allahs verschwindet. Gottvater wieder umgeben
von Sternen am nächtlichen Himmel, die Erdkugel blau
aus der Sicht von Astronauten . . . .*

Gottvater:

„Wie wunderbar ist doch dieses
Universum. Mit Galaxien und
Sonnensystemen. Menschen auf
der Erde, die verschiedener nicht
sein können. In Hautfarbe, Fri-
sur, die Art sich zu kleiden. Eine
Arbeit tun oder zu faulenzen. An
mich, Allah, La-otse glauben oder
gar nichts. Leben und sterben,
die Erde zu düngen. Damit alles
wächst und blüht und Früchte
trägt. Mensch und Tier vermeh-
ren sich nach jedem Erdbeben,
Tsunami, sogar nach mörderi-
schen Kriegen. Den Fortbestand
zu sichern, wie ich es wollte von
Anbeginn."

Sphärenmusik

Zoom auf die blaue Erdkugel

Gottvater: „Ebenso ist mir die Erde als Kugel gelungen. Die sich zweifach dreht. Einmal um sich selbst, dann in einem Radius von 149millionen598tausend Kilometern um die Sonne. Die wiederum mit ihren Satelliten um eine größere Mitte. Das Zentrum dessen, der alles dies errechnet, gegengerechnet und ausbalanciert hat. So genießt alles Lebendige auf dieser Erde in regelmäßigen Abständen Licht und Schatten. Wärme und Kälte. Früchte der Erde, Früchte des Meeres. Die Propheten werden nicht müde, meinen Sinn für Gerechtigkeit zu loben.“

„Alles, was diesem Sinn von Ausgleich und Gerechtigkeit entspricht, halten nicht nur Christen für ein Wunder. Auch die an andere Götter und Göttinnen oder gar nichts glauben. Das Wunder der Schöpfung ist ein Faktum. Das heißt gemacht. Kein Hirngespinst eines gewissen Darwin. Schöpfen kann jeder aus diesem unerschöpflichen Brunnen, der

Augen hat zu sehen, Ohren zu hören, eine Zunge zu schmecken. Gemüt und ein Herz, zu fühlen." „Männer in der Regel missachten diesen Zusammenhang. Wollen selber sein wie Gott. Ein Gott, der erschaffen möchte aus dem Nichts. Und schaffen nur jämmerliche Replikate. Eingebildet hoch zehn, weil sie glauben alles allein zu bewältigen. Dabei hatte ich ihnen eine Gefährtin zur Seite gestellt, Damit sie sich gemeinsam die Erde untertan machen."

„Ich muss unbedingt darüber nachdenken, wie ich das ändern kann. Nochmal ganz von vorne anfangen. Nicht wie gehabt, zuerst Adam erschaffen und dann Eva, die Frau. Der Mann hat viel zu lange schon darauf bestanden, der Erste zu sein. Ich will, dass Frau die erste ist. Und Mose eine neue Schöpfungsgeschichte schreiben kann. Da fällt mir ein, aus Evas Rippe müsste ich den Mann formen. Das Risiko jedoch groß, ihre Schönheit könnte Schaden nehmen. Vielleicht komme ich auf eine andere Idee, wenn ich Eva zu mir rufe und sie ausfrage, ohne dass sie es merkt."

Eva tritt nackt auf, in einer Hand einen Apfel, mit der anderen hält sie ein Feigenblatt vor ihre Scham

Gottvater: „Du brauchst Dich vor mir nicht zu schämen. Schäm Dich, dass Du wieder von diesem Baum Äpfel essen willst. Obwohl ich es Dir verboten hatte. Dich und Deinen Mann zur Strafe aus dem Paradies geworfen. Damit Ihr Euren Ungehorsam büßet. Und durch ein gottgefälliges Leben Eure Schuld abtragen konntet."

Eva: „Allmächtiger Gott, verzeih. Ich tat es, weil ich glaubte, es sei gottgefällig, wenn ich den Apfel esse und dann Gutes und Böses unterscheiden kann."

Gottvater: „Wer hat Dir denn dieses Missverständnis eingeredet?"

Eva: „Es war ein seltsames Tier, das sprechen konnte. Aussah wie ein Wurm. Jetzt weiß ich, es war die Schlange. Das Böse an sich. Damals hatte ich von nichts eine Ahnung. Aber neugierig wie ein

Kind. Glaubte diesem Wesen, wie
allen, die plötzlich auftauchen.
Engelgleich war seine Sprache.
Einleuchtend seine Worte: Wenn
Du Äpfel von diesem Baum isst,
wirst Du unterscheiden können
zwischen Gut und Böse. Das wird
Gott sehr gefallen."

„Dass ich Dir, einem Unsichtba-
ren folgen musste und nicht der
Schlange, die ich mit eigenen Augen gesehen, ahnte ich, als Du
uns aus dem Paradies warfst.
Jahrtausende mussten vergehen,
bis ich es akzeptierte. Aber warum, weiß ich bis heute nicht."

Gottvater: „Ich habe Dich aus der Rippe
Deines Mannes erschaffen. Damit
er nicht allein ist. Es musste Dir
klar gewesen sein: Du bist ein
Kind Gottes. Denn nur Gott kann
solche Wunder vollbringen.
Würdest auch Du eine Rippe op-
fern, wenn ich daraus einen
Mann forme? Der an zweiter
Stelle nach Dir käme?"

Eva: „Nie und nimmer, keinen Mann,
wie ich ihn hatte!"

Gottvater:	„Dann sag mir, was Dir an Adam nicht gefiel. Warum er Dich enttäuschte."

Eva:	„Was willst Du hören? Nur Gutes oder die reine Wahrheit? Du weißt, ich habe Kain und Abel geboren und noch viele Kinder danach. Mein Mann wollte nur Sex. Am liebsten jeden Tag drei-viermal. Und nur seine Lust befriedigen. An mich hat er nicht gedacht. Die Frau neben ihm sollte ich nach Deinem Willen sein. Frau unter ihm bin ich gewesen. Aber ich duldete es, Deinen Auftrag wollte ich erfüllen: Viele Menschen zu gebären, die Dein Lob singen bis ans Ende der Zeit."

Gottvater:	„Ich weiß, Du bist mir später gefolgt. Aber im Paradies mein Gebot missachtet. Weil diese Schlange Dir einen klugen Rat gab. Du hättest auf ihre gespaltene Zunge achten sollen. Und sofort gewusst, sie sagte es nur, damit ihr der Schlange gehorcht und nicht mir, Eurem Schöpfer."

Eva:

„Aber die Worte dieser Schlange
schienen mir so eindeutig, dass
ich sie nicht bezweifelte. Auch
heute noch bin ich überzeugt,
dass Menschen nur Deinen Willen erfüllen, wenn sie sich für
das Gute entscheiden. Dazu sind
sie aber erst in der Lage, wenn
sie Gut und Böse unterscheiden
können. Wäre meinem Sohn
Kain bewusst gewesen, dass
Mord das Gegenteil von Liebe ist,
hätte er seinen Bruder nicht umgebracht."

Eva beißt in den Apfel, dass es man es knirschen hört

Gottvater:

„Iss ihn, wenn Du magst und
bleibe ein Mensch. Ich habe Dir
wie allen einen Verstand gegeben. Der imstande ist, die Folgen
seines Handelns in Betracht zu
ziehen. Oder auch nicht. Jeder
Mensch ist frei, zu entscheiden,
was er tun will oder bleiben
lässt. Dank für Deine Aufrichtig-
keit, grüße Deinen Adam, alle
Kinder und Kindeskinder, sollten
sie Dir begegnen."

Eva geht, Gottvater allein im Bild

| *Gottvater:* | „Bin ich klüger jetzt? Frauen wie Eva sind nicht geeignet, sie lassen sich verführen. Und unterwerfen sich Diktaten. Kein Prototyp des idealen Menschen wie ich hoffte. Auch wenn sie so etwas wie eine Initialzündung für Milliarden Frauen war, die nach ihr kamen. Mensch aber sollte mehr können als Nachkommen zeugen und gebären. Ob Frauen die besseren Menschen sind, will ich, wie geplant, weiter erforschen". |

von ferne ertönt ein mehrstimmiger Chor . . . .

| *Gottvater:* | „Es wird der Chorus sein, den die Nonne Hildegard komponierte. Mit der Absicht, mich, den großen Gott, vielstimmig zu loben und zu preisen. Nicht zweistimmig, wie es Papst Gregor für den Mönchgesang anordnete. Demütig sollte es klingen. Ich aber lasse mich lieber bejubeln." |

Mit einem Schussakkord endet der Gesang

| *Gottvater:* | „Diese Nonne will ich mir genauer ansehen. Die Sache ist es wert. Könnte doch Eigenschaften be- |

sitzen, die sie zum ersten Menschen qualifiziert. Besser noch wäre es, hätte ich drei Frauen mit unterschiedlichen Qualitäten. Das Grundprinzip ist naheliegend: Ich selber existiere in drei Personen. So schwer es zu begreifen sein mag: Vater, Sohn und Geist - ein Gott. Für jeden Anrufer die passende Adresse."

Gerahmte Portraits von Hildegard von Bingen, Marie Curie und Coco Chanel, Bilder aus der Kunst ihrer Zeit klappen vom Boden nacheinander hoch, von Spotlichtern angestrahlt

Gottvater: „Diese drei kenne ich: Hildegard, Äbtissin eines Frauenklosters, die Visionen einer besseren Welt hat. Marie, Wissenschaftlerin, Radium entdeckt, Krankheiten zu erkennen.
Coco, Modeschöpferin, will das Frauenbild in männlichen Köpfen verändern."

„Sie hat Recht. Adam hat sich anders entwickelt als ich wollte. Vielleicht, weil ich ihm seinen freien Willen ließ. Die Konsequenz blieb nicht aus: Bis heute hat er mich nicht ernst genommen. Weil er sich selber göttlich dünkt und mich, seinen Schöpfer, als Erfindung übereifriger Priester verhöhnt."

„Bedauerte bereits früher schon, Adam zum ersten Menschen gemacht zu haben. Eine Position, die sich aus der Sachlage ergab. Er aber beruft sich darauf, der Erste in allem zu sein. Zitiert mich als Beweismittel. Auch Gott sei ein Mann und keine Frau. Dabei bin ich als Gott ein Neutrum, trotz des männlichen Artikels in allen Sprachen der Welt."

Frauenchor ertönt, während Gottvater weiterspricht

„Sympathisch diese Stimmen. Von Frauen gesungen wie gebetet, gedankt, gejubelt. Intuitiv begriffen, dass ich ihnen wohl gesonnen bin. Bereit, zu akzeptieren, was ich vorschlage. Gelingt es mir, die positiven Eigenschaften in der DNA dieser drei in einer Frau zu kombinieren, hätte ich mein Ideal verwirklicht: Gottes- und Menschenliebe, Neugier und Schönheit im ersten Menschen angelegt. Musterbei-

spiel und Vorbild für Trilliarden,
die noch kommen werden.“

„Um ganz sicher zu sein, muss ich
sie jetzt genauer beobachten.
Herausfinden, ist es ihre DNA,
die sie sein lässt, wie sie sind.
Oder ist es ihr Wille? Gute oder
böse Absicht, eines Vorteils wegen? Vielleicht setze ich Lucifer,
meinen Widerpart ein, sie in
Versuchung zu führen. Anfangs
ein Lichtträger, bevor er zum
Herrn des Misthaufens avançier-
te. So bezeichnen ihn Juden. Zum
Schluss werde ich mich entscheiden, ob Frau als erster
Mensch ein Abbild meiner selbst
ist.“

*Das Bild Gottvaters verschwindet, es wird dunkel und
nichts mehr zu erkennen.*

Vorhang

1. Akt

<table>
<tr><td>Personen:</td><td>Äbtissin Hildegard</td></tr>
<tr><td></td><td>Nonne Félizitas</td></tr>
<tr><td></td><td>Nonne Adelgunde</td></tr>
<tr><td></td><td>Nonne Monika</td></tr>
</table>

Bühnenbild: Auf die Rückwand ein Foto von einem Kräutergarten projiziert, dahinter das Klostergebäude mit Kapellenturm. Auf der Bühne eine halbrunde Bank um einen sprudelnden Springbrunnen. Drei Nonnen kommen mit Gartengeräten, harken, jäten, säen. Eine von ihnen im Habit einer Äbtissin steht dabei, weist auf dieses und jenes. Von ferne hört man ein Glöckchen und einen vielstimmigen Chor ....

Félizitas: „Da singen sie wieder das Lob Gottes, während ich hier blieb, um Antwort auf eine Frage zu bekommen, die mich quält. Singen, als hätten sie nichts Besseres zu tun. Verzeihung, ehrwürdige Mutter, Immer schon wollte ich Sie fragen: Was macht es für einen Sinn, dass wir uns vor der Welt verstecken? Damit uns niemand sieht? In unseren Zellen hocken oder in der Kirche. Nur beten zum Herrn und Psalmen singen von morgens bis abends? Im Garten Unkraut zupfen, einen

Kranken besuchen. Das war´s schon. Und immer dasselbe, Tag für Tag. Jahr für Jahr."

Äbtissin: „Du hast wie alle ein Gelübde abgelegt und gewusst, was Dich erwartet. Beschwere Dich also nicht."

Félizitas: „Trotzdem: andere Frauen haben Abwechslung. Bekommen Kinder, ziehen sie auf und versorgen Haus und Hof. Damit ihre Männer Geld verdienen können. Und aufsteigen in der Hierarchie von Konzernen. Oder selber Chef sein im eigenen Betrieb. Mit ihm auf Tanzfeste gehen, den Alltag zu vergessen. Oder mit ihren Kindern Ferien machen. Am liebsten weit weg von ihrem Zuhause. Wir sind ans Kloster gefesselt, tun alles für Gottes Lohn, so sagt man doch. Auf Gott konzentriert. Den niemand persönlich je gesehen hat. Die Bilder in Kirchen nur Bilder, keine Realität. Manchmal frage ich mich, gibt es ihn überhaupt, diesen Gott, zu dem wir beten?"

Äbtissin:

„Kommt, setzen wir uns auf die Bank am Brunnen. Und machen eine kleine Pause. Felizitas, Deine Zweifel sind begründet. Zweifelt doch jeder, der glaubt. Ein Grund könnte sein, dass Gott unsichtbar ist. Wir ihn nicht sehen können. Er aber bleibt unseren Blicken verborgen. Damit jeder ihn sich so vorstellen kann, wie er es wünscht. Stell dir vor, Du könntest ihn sehen und seine Gestalt gefiel dir nicht. Schwarz, krauses Haar und nackt bis auf den Lendenschurz. Stell Dir vor, Gott wäre eine Fledermaus. Würdest Du ihn dann lieben? Zu ihm beten? Ihm danken, dass Du frei von materiellen Sorgen leben kannst?"

Félizitas:

„Verzeih Mutter, das kommt mir aber sehr abwegig vor. Gott eine Fledermaus. Auf vielen Bildern ist Gott ein alter Mann mit einem Hofstaat von Engeln um sich herum. Auch in unserer Kapelle."

Äbtissin:	„Immer schon hatte man verschiedene Vorstellungen von Gott. Mohammedaner, Buddhisten, Hindus sowieso. Wir aber sollten wissen, dass sie der Zeit und den Umständen geschuldet sind. Immer schon neigen Menschen dazu, sich ihren eigenen Gott vorzustellen. Die Juden als Befreier aus babylonischer Gefangenschaft. In unserer Zeit, die von Kaisern bestimmt wird, ist Gott ein Kaiser auf dem Thron. Mit wallendem Vollbart, von vielen Engeln umgeben wie von Höflingen. Philosophen bezweifeln, dass es einen Gott gibt. So ändert sich das Bild Gottes mit dem, was Menschen sehen und erfahren. Auch Du bezweifelst jetzt, dass es einen Gott gibt. Morgen vielleicht schon glaubst Du wieder an ihn."
Félizitas:	„Dann wünsche ich mir, Gott ist eine Frau wie ich. Dann wüsste er, wie mir jetzt ist."
Äbtissin:	„Gott aber ändert sich nicht. Bleibt, der er ist. Egal ob Du ihn Dir als Fledermaus, alten Mann oder Frau vorstellst. Glaubst,

obwohl er unsichtbar ist. Zwei-
felst, weil er unsichtbar ist. Und
Du Dir kein Bild von ihm machen
kannst."

Félizitas:

„Jetzt bin ich genau so schlau wie
vorher. Verzeih ehrwürdige Mutter, ich bin ein schwacher
Mensch und muss mir vorstellen
können, wie etwas ist. Sonst
existiert es für mich nicht. Egal,
ob es ein Gerät, ein Tier oder
Gott ist. Lange genug habe ich
geschwiegen, mich der Regel
«ora et labora» untergeordnet.
Jetzt hatte ich den Mut, zu sagen,
was mich beschäftigt und zwei-
feln lässt."

Äbtissin:

„Benedikt, der Gründer dieses
Ordens, wusste um die Zweifel
und Sorgen seiner Brüder und
Schwestern. Ihrer Neigung, Äu-
ßeres höher zu bewerten als das
wahre Sein. Verständlich, weil
auch wir wie die draußen in der
Welt Menschen sind, die verstehen möchten. Einen Sinn erkennen in dem, was sie tun. Ihr befolgt seine Regel: «ora et labora».
Was heißt das? Beten und arbeiten verbindet körperliche Arbeit

mit dem Gedanken, ich tue es
nicht für mich. Auch nicht für
Gott, sondern für das Wohl der
Menschen. Bedürftige gibt es genug. Wir tun, was getan werden
muss. Und versuchen Neues aus-
zuprobieren."

*Nonne Adelgunde hatte zugehört, erregt wendet sie sich
der Äbtissin zu*

Adelgunde: „Ja, die Essens-Regel ist es, die
mich Tag und Nacht beschäftigt.
Benedikt ordnete an, wenig zu
essen, aber viel zu beten, zu me-
ditieren und zu arbeiten. Davon
werde ich nicht satt. Stehe ich
auf vom Tisch, bin ich hungriger
als zuvor. Fühle mich schwach
und kaum noch in der Lage, im
Garten zu arbeiten. Auswärts
Kranke zu besuchen nur mit
großer Anstrengung. Kaum im
Kloster, wieder in die Abendan-
dacht, Gott zu danken und zu bit-
ten, er möge uns gnädig sein.
Wäre ich doch bloß keine Nonne
geworden."

Äbtissin: „Ich weiß, liebe Adelgunde, Du
bist nicht freiwillig hier. Dein Vater hat Dich ins Kloster ge-

schickt. Und nicht auf eine höhere Schule, einen Beruf zu lernen. Weil sein Sohn ihm als Nachfolger im Geschäft wichtiger war als Du. Frauen sind in den Augen der Männer Mütter oder Nonnen. Sollen ihre Pflichten erfüllen und niemandem zur Last fallen.

Adelgunde: „Ich wäre niemandem zu Last gefallen, hätte in Haus und Garten geholfen. Der Vater hätte den Lohn für eine Magd gespart, aber er wollte mich unbedingt loswerden. Weil ich ihm zu widerspenstig war."

Äbtissin: „Auch ich leide unter den Launen der Bischöfe. Ausnahmslos Männer. Gut, dass wenigstens der neue Papst auf meiner Seite steht und mich anhört, wenn ich ihm etwas vorschlage. Zum Beispiel die Essensregeln des Heiligen Benedikt zu modifizieren."

„Du bist nicht allein mit Klagen über das Essen, Adelgunde. Von anderen Frauenklöstern höre ich ähnliche Beschwerden. Deshalb beschloss ich, die Regeln des Heiligen Benedikt den Bedürf-

nissen des modernen Menschen
anzupassen. Damit Frauen in
seinen Klöstern satt und gesund
sich des Lebens freuen."

*Alle drei Nonnen
gleichzeitig:*

„Nein!!!!!!"

Adelgunde:

„Um Gottes Willen nein! Sehr
verehrte Mutter, das dürfen Sie
doch nicht. Gott wird Sie dafür
bestrafen. Das Gewissen des Bi-
schofs bedrängen, Sie zu entlas-
sen. Was machen wir, muttersee-
lenallein, wenn Sie uns keine guten Ratschläge mehr geben können?"

Äbtissin:

„Regeln sind wichtig, ob sie auf-
geschrieben oder in Euren Gedanken existieren. Ihr seid z. B.
überzeugt, dass es besser ist, den
Nächsten zu lieben als ihn zu
hassen. Denn Hass führt zu Kriegen, in denen Unschuldige sterben müssen. Jeder Mensch aber
möchte leben. Seit seiner Geburt
nichts anderes als leben. Und gut
leben. Das bedeutet, Ihr akzeptiert das Leben so, wie es dann
bei uns ist."

Monika:	„Und wenn ich es nicht vertrage, was dann? Krank werde und mich übergeben muss wie letzte Nacht?"
Äbtissin:	„Wenn ´s Euch nicht gefällt, dann ändert es. Tretet aus dem Orden aus, ich werde Gott um Verständnis bitten. Aber kommt nicht nach drei Wochen und wollt wieder Nonne sein. Egal, was Ihr tut, ich habe mich entschlossen, die Regeln des Ordensgründers zu modifizieren. Sodass Ihr keinen Grund mehr habt, über zu wenig oder zu einseitiges Essen zu klagen. In meinem Kräuterbüchlein «Physica» ist alles aufgeschrieben, was der Gesundheit von Leib und Seele förderlich ist. Den Bischof gebeten, es drucken zu lassen. Damit immer mehr Menschen sich freuen können, gesund zu werden und möglichst lange zu bleiben. Jetzt wollt Ihr sicher wissen, wie man dieses Ziel erreicht?"
Monika:	„Oh ja, bitte sagen Sie ´s uns."
Adelgunde:	„Wenn ´s nicht zu kompliziert ist. Habe Kopfschmerzen seit ges-

tern Abend schon und Leibweh.
Musste mich übergeben. Ich
glaube, ich bin schwanger."

Monika:	„Ja, ich kenne dieses Gefühl. Der Bauch schwer, als hätte ich ein ganzes Brot verschluckt. Mir war schlecht, musste alles Nase lang brechen. Obwohl ich nur wenig gegessen. Aber in meinen Gedanken war ich glücklich. Richtig glücklich. So wie ich es nie mehr war danach. Ich bekam ein Kind."
Félizitas:	„Was, Du hattest ein Kind im Leib? Ohne verheiratet zu sein? Wie kam es denn da rein?"
Äbtissin:	„Darüber werden wir gleich sprechen."
Félizitas:	„Nein, jetzt bitte! Ich will wissen, wie ein Kind in den Bauch einer Frau kommt. Männer haben dieses Problem nicht. Soviel ich weiß."
Äbtissin:	„Den Ton bin ich nicht gewohnt von Dir, Felizitas. Und Du Adelgunde bildest es Dir nur ein, bist doch bereits über ein Jahr in der

Obhut des Klosters. Es wird andere Ursachen haben."

Adelgunde:

"Félizitas hat Recht, ehrwürdige Mutter. Auch ich möchte wissen, wie ein Kind in den Bauch einer Frau kommt."

Die Äbtissin schweigt einen Moment, blickt Monika an

Äbtissin:

"Monika wird es Euch sagen. Sie hat ein Kind geboren, bevor sie bei uns im Kloster Zuflucht suchte. Nun liebe Monika, schäme Dich nicht. Erzähl wie es geschah und wie Du Dich fühltest dabei."

Monika:

"Danke Äbtissin, Sie waren wie eine Mutter zu mir. Von der ersten Sekunde an, als unsere Augen sich begegneten. Ihr, liebe Schwestern sollt es jetzt auch wissen, wie mir war. Ich habe immer mal wieder so ein Lustgefühl. Nicht wie Ihr denkt, Lust zu essen oder Wein zu trinken. Lust zu beten schon gar nicht. Sehne mich so sehr nach einem Mann. So einen, den ich kannte, bevor ich mich entschloss ins Kloster zu gehen. Er hatte mich glücklich gemacht, so glücklich, wie ich nie

mehr danach war. Seinen Leib
mit meinem vereinigt. Wie ich es
bei Pferden sah auf der Weide
unseres Bauernhofes. Und etwa
ein Jahr später ein Fohlen auf die
Welt kam."

„Dann wurde ich schwanger.
Musste mich im Hühnerstall verstecken, um nicht gesehen zu
werden. Aß die Eier roh. Wäre
fast verhungert, wenn nicht der
Pfarrer mich entdeckt und zu
sich genommen hätte. Und die
Hebamme gerufen. Das Kind, ein
Mädchen, Pflegeeltern gegeben
und mich hierher bis vor die
Klosterpforte gebracht. Schäme
mich so sehr. Aber ich durfte es
jetzt, der Äbtissin sei 's gedankt,
loswerden. Verzeiht."

Félizitas:

„Ich weiß immer noch nicht, wie
das Kind in den Bauch kommt.
Möchte schon wissen, wie es bei
Pferden funktioniert. Damit ich
mir vorstellen kann, wie es beim
Menschen ist. Bin in einer Stadt
aufgewachsen und sah Pferde
nur Karren ziehen. Oder eine
Hochzeitskutsche. Sagen Sie mir,
verehrte Mutter wie es bei Pfer-

den - nein - besser doch beim Menschen ist. Sonst träume ich noch die verrücktesten Sachen."

Äbtissin:

„Auch Dir Félizitas wird bekannt sein, dass es Mädchen und Jungen gibt. Also Nachfolger von Adam und Eva. Du weißt auch, dass die ersten Menschen Kinder hatten, Nicht nur Kain und Abel, sondern viele noch danach. Damit die Menschheit nicht ausstirbt, hat Gott Adam und allen Jungen einen Penis gegeben, allen Mädchen eine Vagina. Samen im Leib der Jungen, Eier in dem der Mädchen."

Félizitas:

„Was ist ein Penis, was eine Vagina? Ist es das Schwänzchen, mit dem Männer Pipi im Stehen machen? Die Öffnung im Unterleib von Frauen wie wir, die sich setzen müssen, um zu pinkeln?"

Äbtissin:

„Du siehst es richtig, aber Penis und Vagina dienen nicht nur der Ausscheidung von Schadstoffen im Körper. Sie dienen der wichtigen Fortpflanzung. Du musst es wissen, um zu verstehen: Gott hat hiermit das größte aller

Wunder vollbracht, damit die
Menschheit nicht ausstirbt.“

„Mann und Frau erregen sich, sehen sie sich nackt. Immer größer
wird ihr Wunsch, sich zu ver-
einigen. Der Penis wird groß und
steif, die Vagina der Frau weich
und bereit, ihn zu empfangen.
Bei seinen heftigen Bewegungen
stößt der Penis Samen aus, die
eines der vielen Eier im Leib der
Frau befruchten und ein Kind
daraus entsteht,“

Félizitas: „So also ist das. Wie sich das wohl
anfühlt, möchte ich gerne wis-
sen.

Äbtissin: „Du hast in Deinem Gelübde ge-
schworen, nicht nur Gott zu die-
nen, sondern auch keusch zu
sein. Ich rate Dir jetzt, zwei
Stunden im Garten zu arbeiten,
um auf andere Gedanken zu
kommen,“

Felizitas will gehen, murmelt vor sich hin . . . .

Félizitas: „ja fühlen, wie das ist . . . . fühlen,
damit ich verstehe . . . . .“

Äbtissin:	„Bleibt alle noch einen Augenblick. Auch Du Félizitas. Ich muss Euch noch sagen, dass die Vereinigung von Mann und Frau Lustgefühle weckt. Beim Mann stärker als bei der Frau. Blutet sie einmal im Monat, will sie nichts davon wissen. Auch wir Frauen im Kloster spüren, wie unangenehm das ist. Männer aber sind schnell zu reizen. Ein nackter Arm, ein tiefer Ausschnitt treibt sie zum Geschlechtsverkehr. In leider viel zu vielen Fällen sogar, Frauen zu vergewaltigen. Es ist ihre Natur, die sie treibt, sonst würden viel weniger Kinder geboren."
Monika:	„Hätte mich der junge Mann geheiratet, hätte ich ihn immer geliebt und gerne noch viele Kinder bekommen. Federico sein Name, wie der Kaiser des Heiligen Römischen Reiches."
Äbtissin:	„Danke, Monika für das Stichwort. Ihr solltet wissen, dieser Kaiser hatte als erster Vorschriften für Ärzte, Apotheken und Hebammen erlassen. Damit nur approbierte Fachkräfte diesen

verantwortungsvollen Beruf
ausüben und keine Pfuscher
oder Gesundbeter. Denn jede
Frau kann wie Monika in diese
Lage kommen."

„Noch etwas solltet Ihr wissen:
Ernährung, Krankheit, Körper-
lichkeit und Sexualität hängen
eng zusammen. Gott hat es so
gewollt. Auch mich überfällt ge-
legentlich der Wunsch, von
einem Mann umarmt zu werden.
Mich streicheln zu lassen, um
das Gefühl von Nähe zu haben.
Gott ist weit, weit weg. Lebendig
nur in unseren Gedanken. Und
im Gebet. Lasst Euch sagen: Jed-
wede Kreatur hat einen Urtrieb
nach liebender Umarmung. Du
Monika musst Dich nicht schämen. Steh dazu und Du bist wieder glücklich wie Du es warst.
Nur auf eine andere Art."

„Ihr alle sollt wissen, nichts im
Leben bleibt, denn alles ändert
sich. Kommt zu mir, quälen Euch
Schmerzen im Leib, in den Ge-
lenken, im Kopf. Schämt Euch
nicht, mir alles zu sagen, was
Euch bewegt oder gar quält. Lust

und Leid. Niemand ist perfekt.
Ich bin für Euch da, jederzeit. In
der Bibliothek hängt ein Gedicht
von mir, im Rahmen an der
Wand. Monika hole es und lies es
vor, dann wisst Ihr, was wirklich
wichtig ist:"

Monika geht und kommt wieder mit dem eingerahmten Gedicht, liest...

Monika: „Alles ist mit Allem verbunden.
Wir müssen auf unsere Seelen
hören wenn wir gesund werden
wollen. Letztlich sind wir hier,
weil es kein Entrinnen von uns
selber gibt
Solange der Mensch sich nicht
selbst in den Augen und im Her-
zen seiner Mitmenschen begeg-
net - ist er auf der Flucht
Solange er nicht zulässt, dass
seine Mitmenschen an seinem
Innersten teilhaben - gibt es keine Geborgenheit
Solange er sich fürchtet durch-
schaut zu werden - kann er we-
der sich noch andere erkennen
er wird allein sein, denn alles ist
mit Allem verbunden."

*Die Nonnen erheben sich, sichtlich beeindruckt, um
weiter zu arbeiten . . . .*

Äbtissin:

„Bleibt bitte hier und setzt Euch
wieder. Ich möchte, dass Ihr versteht, warum ich das Essen im
Kloster ändern werde. Aber keine Bange: Befolgt Ihr meine neuen Regeln, wird es Euch allen
besser gehen. Denke ich an Dich,
ewig hungrige Adelgunde. Auch
Ihr anderen werdet Euch fühlen
wie in Abrahams Schoß."

„Erlaube Euch ab jetzt drei Mahlzeiten am Tag statt zwei. Denn
ihr wollt doch gesund bleiben,
oder? Unsere Küche bereitet ab
jetzt mehr Fisch als Fleisch zu,
Gemüse aus dem Klostergarten.
Dinkel das Grundnahrungsmittel. Mit mehr Vitaminen und anderen Wirkstoffen als andere Getreidesorten. Deshalb serviert
die Küche Euch ab jetzt täglich
Dinkelbrot zu jedem Essen."

„Morgens mit Milch. Mittags Fisch
mit Fenchel, Sellerie oder Möhren.
Am Abend Suppe mit frischem
Gemüse der Jahreszeit. Brot und
ein Glas Wein, wer es mag."

Monika:

„Dinkelbrot kenne ich vom Bauernhof, mir schmeckt es besser als das aus Roggenmehl. Und Körner hat es auch. Die sind gut für die Verdauung.“

Äbtissin:

„Dann wird Dir auch alles andere schmecken und keine Beschwerden bereiten. Sollten Dich, liebe Monika, trotzdem Leibschmerzen plagen, merke Dir: Faste einen Tag, besser zwei Tage. Trinke tagsüber jede Stunde einen Becher Salbeitee. Übrigens stärken Fastentage Euren Durchhaltewillen. Das gilt für alle von Euch, auch die jetzt schon zur Arbeit gegangen sind. Hilft öfter im Leben als Ihr glaubt, schwierige Situationen zu bewältigen.“

Félizitas:

„Nüchtern bleiben bis zum Hochamt um Zehn ist nicht einfach. Mein Magen knurrt, die Zunge klebt wie ausgetrocknet am Gaumen. Dächte ich nicht an den gedeckten Tisch nach dem Hochamt, könnte ich es nicht aushalten.“

Äbtissin:

„Das meinte ich nicht, sondern
sich beherrschen eines höheren
Zieles wegen. In Deinem Fall mit
der Hostie den Sohn Gottes in
Dich aufzunehmen. Fasten, um
über Wichtigeres nachdenken zu
können als Essen und Trinken.
Über den Sinn des Lebens zum
Beispiel."

„Um das zu können, schlaft, solange ihr euch müde fühlt. Singt,
tanzt und betet, wenn euch danach ist. Ihr müsst Euch gut fühlen, sonst könnt Ihr nicht die
sein, die Ihr seid. Gott hat es so
gewollt und mir in meinen Visionen eingegeben. Um es euch wei-
terzusagen. Denn alle Menschen
wollen glücklich sein. Mit und
ohne Mann. Gerne erläutere ich
Euch diese und andere Ratschläge aus meinem Buch «Scivias». In
Deutsch, damit Ihr 's versteht.
Auch das findet ihr in unserer
Bibliothek, gedruckt in lateini-
scher Sprache."

Félizitas stolz:

„Dann kann ich es ja Euch über-
setzen, habe Latein in der höheren Töchterschule gelernt."

Äbtissin:

„Sehr gut, ich selber kann kein Latein, weiß aber, was ich einer alten Freundin diktiert, die es übersetzte. Es ist heutzutage üblich, gelehrt zu tun, ohne es wirklich zu sein. Denn dann wüsste man, alles hängt zusammen, wie ich bereits sagte. Sprecht darüber, um es besser zu verstehen. Denn was man hört, behält man besser als nur gedacht. Und vergesst nicht, Eure Schwestern im Kloster zu beteiligen. Auch, wenn ich Euch nicht zusammenrufe. Sprecht über alles, was Euch beschäftigt."

„Ich werde dann meine Zeit anders nutzen. Es ist ja so viel zu tun. Muss noch das Essverhalten von Kindern studieren und geeignete Kräuter mischen, die den Appetit anregen. Die Verdauung regulieren. Sagt mir dann beim nächsten Treffen, welche Schlüsse Ihr aus Gesprächen und Gelesenem gezogen habt. Damit ich beruhigt bin und weiß, Ihr seid ein Stück weitergekommen. Friede möge in Euch einkehren."

Félizitas und Adelgunde erheben sich, an ihre Arbeit zu gehen. Monika zur Äbtissin gewendet

Monika:

„Danke ehrwürdige Mutter. Ich bin so froh, es meinen Mitschwestern gesagt zu haben. Hatte immer das Gefühl, sie mögen mich nicht. Jetzt wird alles gut.“

Äbtissin und Monika umarmen sich und gehen. Dunkel wird ʼs, Sterne leuchten. Ein Glöckchen läutet, vielstimmiger Chor ertönt, Gottvaters Bild erscheint an der Rückwand, man hört seine Stimme

Gottvater:

„Die Logik dieser Frau beeindruckt mich. Eine andere als die von Männern. Deren Ziel es ist, Recht zu behalten. Hildegards Logik endet bei mir. Kein Wunder, denn sie hat ständig Verbindung zu mir und folgt meinen Eingebungen. Sie ist also ein Teil von mir. Wollte ich doch am Schöpfungstag den Menschen nach meinem Bilde erschaffen. Diese Frau mit all ihren Fähigkeiten passt in mein Konzept. Frau der ideale Typus Mensch. Eine jedoch zu wenig, um Schlüsse zu ziehen. Werde noch die beiden anderen beobachten.

Ist doch Vielfalt mein Prinzip. Bei
aller Eindeutigkeit dessen, was
ich will."

„Mein Auge fällt gleich auf strahlendes Material, von einer Frau
genutzt, Erkenntnisse zu gewin-
nen. Berührt mich so intensiv,
dass es göttlich sein muss. "

Vorhang

2. Akt.

Personen: Marie Curie,
         Professor Dr. Raimond,
         Assistenzarzt Dr. Béjart,
         Amélie, Krankenschwester,
         drei verwundete Soldaten
         zwei Helfer

Bühnenbild: Das Foto des Innenraums eines Rote-Kreuz-Fahrzeuges mit einer realen Tür, die zu öffnen und zu schließen ist. Vor dem Foto ein Operationstisch mit einem mobilen Röntgengerät.
Man hört Schüsse, Kriegslärm, explodierende Granaten. Ständiges Aufblitzen hinter dem Fahrzeug. Marie Curie, Operateur Professor Raimond, Dr. Bejart, sein Assistent und Schwester Amélie versammelt. Marie Curie geht an den Operationstisch, das Röntgengerät über einem verwundeten Soldaten zu justieren

Marie Curie: „Sehen Sie, meine Herren, hier den grauen Schatten. Moment, ich stelle es schärfer. Jetzt erkennt man den Granatsplitter unter dem dritten Rippenbogen rechts. Schauen Sie genau hin und Sie wissen, wo Sie das Skalpell ansetzen müssen. Nicht mehr lange herumschnipseln müssen wie bisher. Gewebe beschädigen. Vielleicht sogar die Lunge verletzen.“

Prof. Raimond: „Zugegeben, ein Fortschritt, Frau Kollegin. Aber mein Team ist bekannt dafür, dass wir mit größter Präzision operieren. Auch unter äußerst schwierigen Bedingungen wie jetzt an der Front."

Marie Curie: „Aber es dauerte, bis Sie die Metallstücke fanden und heraus operieren konnten. Nicht wenige Soldaten sind verblutet oder starben an den Folgen ihrer Verwundung. Bevor Sie die Ursache beseitigen konnten."

Curie blickt zum Professor, der schon das Skalpell in der Hand

„Ich will Sie nicht echofieren, mein Wertester, aber Fortschritt ist Fortschritt. Brauche Ihnen ja nicht zu erzählen, was nicht wenige Ihrer Kollegen und das Komitee in Stockholm dazu meinen."

Der Professor arbeitet zügig wie gewohnt, Amélie assistiert, verbindet, Helfer bringen den behandelten Soldaten auf einer Trage hinaus.
Da plötzlich eine Explosion ganz in der Nähe, man hört Splitter auf die Wagenwand schlagen. Eine zweite Explo-

sion und der Professor und sein Assistent werfen sich auf den Boden. Helfer bringen einen neuen Verwundeten auf einer Bahre. Heben ihn auf den Operationstisch, reißen seine Hose herunter, die Wunde frei, sichtbar. Marie Curie am Röntgenschirm

Curie energisch: „Raimond, schauen Sie. Wo bleiben Sie denn? Das hier ist ein schwerer Fall. Verwundet am Oberschenkel innen, die Arterie verletzt, es blutet unentwegt. Wir können ihn retten, wenn Sie schnell sind."

Béjart springt auf   „Was ist los?"

Der Professor erhebt sich mühsam, reibt seine Augen, lässt sich von Amélie den Mundschutz umbinden

Prof. Raimond: „Abbinden, sofort! Auf den Operationstisch. Skalpell!!!"

Schneidet, lässt sich den Schweiß von der Stirn wischen, Amélie gibt, nimmt ab, während weitere Granaten in der Nähe explodieren

Prof. Raimond: „Exitus!"

Helfer transportieren den Toten aus dem Wagen

Curie verärgert: „Zu spät. Hätten Sie sich nicht vom aktuellen Geschehen verab-

schiedet, hätten wir ihn retten
können."

Prof. Raimond: „Er wäre sowieso gestorben, die
Verletzung zu schwer, in den Ar-
terien fast kein Blut mehr."

Curie zornig: „Reden Sie sich nicht raus. Sie
hätten stehen bleiben müssen
wie Amélie, die Schwester, statt
sich auf den Boden zu werfen.
So, wie hier an der Front Soldaten ihren Mann stehen. Es ist
Ihre verdammte Pflicht und
Schuldigkeit, es ihnen gleich zu
tun. Und aushalten, was hunderttausende gezwungen sind zu tun.
So schlimm dieses Gemetzel
auch ist. Von den Kaisern und
ihren Regierungen in Berlin und
Wien angerichtet."

„Die wollten sich wie kleine Buben rächen. Als der österreichi-
sche Erbprinz in Sarajewo Opfer
eines Attentats wurde. Buben
nehmen anderen den Roller weg
oder verhauen ihn. Blaue Flecken
am Körper die einzige Folge."

Prof. Raimond: „Sie haben ja Recht, Frau Kollegin. Aber nun haben wir Krieg,

an dem wir beide unschuldig
sind. Aber unsere Pflicht tun, jeder auf seine Weise. Zugegeben,
ich hatte einen Moment Angst.
Reflexartig mich auf den Boden
geworfen."

Marie Curie: „Hier geht es darum, Reflexe mög-
lichst zu vermeiden und kühlen
Kopf zu bewahren. Auch Soldaten haben Angst um ihr Leben.
Müssen aber ihren Kopf hinhal-
ten und krepieren. Millionen Tote sind es bereits. Und Hunderttausende Verletzte. Wir, Sie, Ihre
Mannschaft und ich sind hier, um
so viel wie mögliche Leben zu
retten."

Prof. Raimond: „Was soll das für ein Leben sein,
behindert nur noch dahin zu ve-
getieren."

Marie Curie: „Und wenn sie nur noch auf
einem Bein humpeln können,
den Arm nicht mehr bewegen.
Nur noch röcheln statt frei ein-
und auszuatmen. Leben wollen
alle Menschen. Wir müssen ihnen dabei helfen, ihr Schicksal zu
ertragen. Sie behandeln wie
normale Menschen. Ihre Gedan-

ken verstehen, mitfühlen. Es ihnen aber auch sagen. Damit sie
sich als Mensch verstehen. Nicht
als medizinisches Objekt."

„Den Körper können wir durch-
leuchten, seine Seele aber bleibt
uns verborgen. Ein Geheimnis,
das keine von Menschen ausge-
tüftelte Technik lüften, ge-
schweige denn erkennen kann."

Ass. Bejart:

„Pardon Madame, in Wien hörte
ich Vorlesungen des Psychothe-
rapeuten Sigmund Freud. Sehr
überzeugend seine Argumente
zum Verhalten des Menschen.
Gefühl, Ausdruck der Seele, folge
unbewussten Träumen von dem,
was er sich wünscht im Gehei-
men. Sex der stärkste Trieb. Ver-
bergen aber dieses Verlangen,
weil es gegen gesellschaftliche
Normen verstößt."

„Seine Interpretation macht
sichtbar, was verborgen ist. Wie
Dr. Röntgen strahlende Materie
entdeckte. Die Sie und alle anderen Röntgenologen in die Lage
versetzen, Unsichtbares sichtbar
zu machen. Hätte es Röntgen

grinst   nicht gegeben, könnten Sie nicht
                                  hier erste Hilfe leisten. Übrigens
                                  spricht man von -
                                  Röntgen und nicht von Curieren."

Heftige Explosion, der Professor schreit gegen den Lärm

Prof. Raimond: „Béjart hat Recht, Frau Kollegin.
                                  Wette, man wird noch in hun-
                                  dert, was sage ich, in tausend
                                  Jahren von Röntgen reden. Und
                                  nicht von Curieren!"

*Explosion wieder nah, der Professor erschrickt, schaut
sich so heftig um, dass der Mundschutz herunterfällt,
sein unrasiertes Kinn zu sehen ist*

Curie spöttisch: „Sie sollten Ihren Barbier mit-
                                  bringen, wenn Sie mit mir zu-
                                  sammenarbeiten. Ich mag keine
                                  unrasierten Männer. Werde ner-
                                  vös und abgelenkt von Wichtige-
                                  rem. Will es Ihnen trotzdem sa-
                                  gen. Erklären, was Sie sowieso
                                  bereits wissen. Aber in Gegen-
                                  wart anderer verschweigen.
                                  Schweigen, weil Sie es besser
                                  wissen, sich aber nicht blamie-
                                  ren wollen."

                                  „Das strahlende Material in soge-
                                  nannten Röntgen-Apparaten ist

Radioaktivität. Radium, neben anderen ein chemisches Element im Gestein. Dessen starke Strahlung entdeckte ich bei Versuchen. Begriff schnell, es ist das ideale Material, um bessere Ergebnisse beim Röntgen zu erzielen als bisher."

„Sie werden nichts dagegen haben, dass mir dafür der Nobelpreis verliehen wurde. Ohne dieses Radium könnten wir nicht so präzise röntgen. Scharf begrenzen, genau lokalisieren. Sie und alle Röntgenologen der Welt röntgen mit Radium und haben diesen Conrad Wilhelm Röntgen im Kopf. Nur weil das Gerät so heißt. Übrigens hatte die «Académie des Sciens» beschlossen, die Messeinheit des Radium «Curie» zu nennen. Sie als Hochschullehrer sollten es Ihren Studenten nicht verschweigen. Wollen sie doch das Examen bestehen."

Der Professor legt Kittel, Mütze, Handschuhe ab und verlässt bei den letzten Sätzen Curies das Fahrzeug, als wollte er weiteren peinlichen Zugeständnissen aus dem Wege gehen. Zögernd folgt sein Assistent. Draußen ist es

*ruhiger geworden. Nur einzelne Schüsse zu hören.
Schwester Amélie noch anwesend, räumt auf, fegt den
Boden*

Marie Curie: „Ah, Amélie, Sie sind noch da. Haben Sie keine Angst, von Granatsplittern verletzt zu werden?"

Amélie: „Ein bisschen schon, wenn 's laut kracht in der Nähe. Aber ich vertrau auf das Rote Kreuz am Wagen und auf unseren Anzügen. Auf Jesus und seine Mutter Maria natürlich. Bete jeden Abend den freudenreichen Rosenkranz. Schlafe oft schon ein, während ich bete. Erschöpft von den Anstrengungen am Tag. Doch innerlich bereit, sofort aufzuspringen und Ihnen und den Ärzten zu helfen. Die Jungs sind wirklich am schlimmsten dran. Vorne in den Gräben und immer pfeift und knallt es in ihren Ohren. Immer wieder wird einer von ihnen getroffen und stirbt. Bewundere sie, weil sie sich selbst beruhigen und scherzen, Witze machen. Beneide sie richtig um ihre Fähigkeit, dem Schicksal zu trotzen."

Marie Curie:

„Pierre, mein Mann, ein Franzose,
auch ein optimistischer Typ.
Forscher wie ich und Professor
an der «Sorbonne» in Paris. Die
auch mich später berief. Nach
siebenhundert Jahren die erste
Frau an der von Männern domi-
nierten Universität.“

„Das Leben mit ihm war zwar
Arbeit. Die aber macht uns beiden Spaß. Gemeinsam entdeck-
ten wir manches Neue. Unter
anderem ein strahlendes Element, das er mir zuliebe beim
Patentamt unter dem Namen
Polonium anmeldete. Weil ich
eine Polin bin. Er hatte mich in
Stockholm vertreten, als ich
schwanger war. Den mir verlie-
henen Nobelpreis entgegenzu-
nehmen. Die übliche Ansprache
gehalten. Kurz danach verun-
glückte er im Straßenverkehr.
Ein Lastwagen überfuhr ihn.
Pierre starb noch an der Unfall-
stelle. Als ich es von einem
Freund erfuhr, war ich verzwei-
felt. Wir waren ein Team und
glücklich als Mann und Frau. und
nun allein mit seinem Kind im
Leib.“

Amélie: „Ich möchte Sie trösten, aber ich weiß nicht wie. Sie sind eine so intelligente Frau. Und ich ein Mädchen vom Lande. Eines aber weiß ich gewiss: Solange der Krieg dauert, werde ich nicht heiraten. Die Vorstellung, mein Mann ist gefallen und tot, macht mich jetzt schon krank. Muss ansehen, wie Tag für Tag, Stunde für Stunde Verletzte angeschleppt werden. Und erleben, dass viel zu viele ihren Verletzungen erliegen. Hätte ich nicht diesen Beruf gewählt, ginge es mir sicher besser. Ach, wäre doch Frieden und diese wahnsinnige Ballerei hätte ein Ende. Wie kann es nur Menschen Spaß machen, auf andere zu schießen?“

Marie Curie: „Du hast ja Recht. Auch ich wünsche nichts sehnlicher als ein Ende dieses Krieges. Damit ich weiter forschen kann. Forschen und helfen ist mein Antrieb. Vor einem halben Jahr war ich in den Vereinigten Staaten.“

Amélie: „In der Zeitung las ich, dort bereite man sich auf den Krieg in

Europa vor. Sie wollen ihren
Verbündeten, England und
Frankreich helfen. Mit großer
militärischer Übermacht Deutsche und Österreicher in die
Knie zu zwingen. Das gegenseiti-
ge Morden beenden.“

Marie Curie: „Ja, so ist es. Ich aber war dort,
weil man mich eingeladen hatte.
Feierte mich in Radio und Zei-
tungen als Retterin vor dem
Krebs. Typisch amerikanische
Übertreibungen. Das zum Röntgen notwendige Radium war
teuer und knapp geworden. Aber
die Zahl der Verwundeten
wuchs, auch in normalen Klini-
ken stieg der Verbrauch. Was
tun?“

„Die Chefredakteurin einer Frau-
enzeitschrift, die mich begleitete,
hatte die rettende Idee: Mit
einem Foundraising kamen in-
nerhalb weniger Wochen so viele
Dollar zusammen, dass der Be-
darf gedeckt werden konnte.
Was ich nicht wusste: Ein
Gramm Radium kostete damals
hunderttausend Dollar.“

„So eine Menge Geld für ein Gramm? Ist es das wert? Denke ich daran, dass nicht alle geröntgten Menschen mit dem Leben davonkommen. Zu oft entdeckt man die Ursache zu spät.“

„Das Leben ist unbezahlbar. Davon bin ich zutiefst überzeugt. Man kann nichts Lebendiges mit einem bedruckten Papier vergleichen. Bezahlen schon gar nicht. Was, glauben Sie, bewegte mich, an vorderster Front zu helfen? Eine fahrbare Röntgenstation bauen lassen, den Führerschein gemacht, um schnell da zu sein, wo ich am dringendsten gebraucht werde. Leben zu retten.“

„Versteh, bin ja auch aus diesem Grund hier. Auch wenn ich keine Röntgenbilder interpretieren kann. Mit einem Skalpell in einen noch pulsierenden Körper schneiden. Dachte einfach, ich muss es tun. Wenn andere Soldat werden müssen, ohne sich wehren zu können, kann ich das, was ich tue, aus freiem Willen tun. Hätte mich ja auch in ein Kloster

verkriechen können, als Küchenhelferin. Meine Mama sagte:
Tu Gutes und helfe denen, die es
am nötigsten haben. Lernte den
Beruf der Krankenschwester.
Man fragte mich, ob ich das Risiko in Kauf nehme, nahe der
Front bei Verdun Dienst zu tun.
Ich sagte ja. Ganz einfach ja. Es
wird interessanter sein als in
einer Klinik."

Marie Curie: „Bereust Du diesen Schritt?"

Amélie: „Jetzt, wo ich Sie kennengelernt
habe, nein. Im Gegenteil. Sie haben mir die Augen geöffnet.
Nichts ist wichtiger als leben.
Auch wenn wir sterben müssen
eines Tages. Bis dahin aber werde ich mit Hilfe der Mutter Gottes ein gutes Leben führen und
glücklich sein. Hoffen, es wird
nie wieder Krieg geben. Merçi du
tout cœr, Madame la Professeur."

Marie Curie: „Auch ich habe zu danken.
Wünschte mir oft solche Menschen wie Sie in meiner Nähe. Sie
machen mir Mut. Ich werde mich
mehr noch als bisher um den
Frieden bemühen. Nicht nur for-

schen und testen. Auch meine
Worte mäßigen. Und nicht wie
soeben, Professor Raimond wegen seines unrasierten Kinns be-
schimpfen. Ja, wenn man auf
mich hörte, würde ich Kriege
verbieten."

*Man hört immer noch Schüsse, Marie Curie geht, Amélie
räumt auf, Gottvaters Foto auf der Rückwand, man hört
seine Stimme aus dem All*

Gottvater: „So viel Einsicht verwundert
                 mich. Mehr noch die Konsequenz
                 dieser Frau. Ihre wissenschaftli-
                 che Neugier, die nur darauf aus
                 ist, Ärzten zu helfen. Und damit
                 allen, die sich krank fühlen, Si-
                 cherheit geben. Und Hoffnung.
                 Konstatiere: Liebe gab Hilde-
                 gard, Marie Hoffnung. Fehlt nur
                 noch eine, die wieder das Wun-
                 der des Glaubens Wirklichkeit
                 werden lässt."

*Das Bild Gottvaters blendet aus, ein verletzter
französischer Soldat schleppt sich herein, Marie Curie
eilt herbei, Amélie prüft ihn von Kopf bis Fuß, entdeckt
die blutverkrustete Hose*

Soldat: „Pardon Mesdames, pouvez vous
                 m´aider? Können Sie mir helfen?"

Amélie: „Hose runter, vers le bas panta-
                   lon, wenn Sie das besser verste-
                   hen.“

*Amélie sieht die Wunde an seiner rechten Hinterbacke,
reinigt sie mit einem feuchten Tuch, trocknet und klebt
ein großes Pflaster drauf*

Amélie: „C' est ca, das war 's.“

Zu Marie Curie: „Nur ein Streifschuss, das Blut
                   schon verkrustet. Wahrschein-
                   lich konnte er sich unbemerkt
                   auf unsere Seite schleichen. Da-
                   rauf spekuliert, wir würden ihm
                   helfen. Letztjahr Weihnachts-
                   abend legten Franzosen im
                   Schützengraben die Waffen nie-
                   der. Sind zu den Deutschen rü-
                   ber gerobbt. Und umgekehrt.
                   Gemeinsam haben sie «Stille
                   Nacht - Heilige Nacht» gesungen.
                   Elsässer und Deutsche wie
                   Freunde.“

dreht sich um zum Soldaten

Amélie: „Voulez-vous un café? Möchten
                   Sie einen Kaffee?“

| *Soldat:* | „Oh merçi, merçi beaucoup, Sie eine schöne Frau. Je vousdrait vous aimer, möchte Sie lieben, comme un ange entre tous les diables sur les deux côtés. Eine Engel zwischen viele Teufel auf beide Seiten." |

Der Soldat strahlt sie an

| *Marie Curie:* | „Parlez-vous comme vous-êtes habitué. Française ou Allemagne. Et j' ai besoin d' un homme puissant. Amélie donne vous un complet neutre. Et vous restez chez mois. D'accord?" |

„Sprechen Sie, wie Sie es gewohnt sind, Französisch oder Deutsch. Gerade brauche ich einen kräftigen Mann. Amélie gibt Ihnen einen neutralen Anzug. Und Sie bleiben bei mir. Einverstanden?"

zu Schwester Amélie gewendet

| *Marie Curie:* | „Im Wagen liegen Drillichanzüge für den Notfall. Gib ihm einen, damit er die Uniform vom Leib kriegt. Dieser Elsässer ist einer, den wir gebrauchen können." |

*Die Schwester lächelt, sichtlich erfreut über diese Ent-
scheidung*

Amélie: „Mai oui, Madame la Professeur.
                                    Er ist ein netter Kerl. Hoffentlich
                                    überlebt er den Krieg. Und ich
                                    natürlich, sonst wäre alles um-
                                    sonst gewesen."

Geht mit ihm durch die Tür hinaus

Marie Curie: „Pierre, du hättest genauso ge-
                                    handelt. Ich werde diese beiden
                                    bei mir behalten. Und auf sie
                                    achten, damit sie heil wieder
                                    nachhause kommen."

Vorhang

3. Akt.

Personen: Gabrielle Chanel, Kleidermacherin
François, Akkordeonspieler,
Étienne, Sohn eines reichen Bankiers
Kellnerin
Gäste an Tischen

Bühnenbild: Foto des Innenraums eines Cafés an der Rückwand. Mit Theke, Kaffeemaschine und Porzellan, einem Gemälde von Gauguin. Davor auf der Bühne drei Tische mit Gästen. Reden, lachen, trinken Kaffee, essen Kuchen. Ein Akkordeonspieler auf dem Stuhl spielt typisch französische Chansons. Eine Kellnerin wieselt von Tisch zu Tisch, Bestellungen anzunehmen oder zu servieren. Akkordeonspieler François beendet das Spiel mit einem lauten Schluss-Akkord.

François:	„Mesdames et Messieurs, Ruhe bitte, Ruhe! Wie jede Woche findet heute wieder unser Wettsingen statt . Die schon länger hierher kommen, kennen das Verfahren. Ich hoffe, viele haben sich zu einer bekannten Melodie einen eigenen Text ausgedacht. Um ihn hier vorzutragen. Die zum ersten Mal hier sind, wissen dann Bescheid für nächste Woche. Wenn sie nicht anderswo verabredet sind."

François: „Also: Auf den Tischen liegt an jedem Platz ein Stimmzettel, auf den Sie den Titel des Liedes notieren, das Sie für das beste halten. Sängerin oder Sänger mit den meisten Stimmen bekommen wie immer zur Belohnung 3000 Franc. Noch eines: Wer sich zu seinem Text eine eigene Melodie ausgedacht, ist genauso willkommen. Es soll aber angenehm in den Ohren klingen und die Gemüter bewegen. Haben wir uns verstanden? Jetzt sind wir gespannt, was Sie sich ausgedacht haben."

Setzt sich, schnallt das Akkordeon um und beginnt zu präludieren. Die Gäste warten, sehen sich um, reden. Eine Pause entsteht. Da springt Gabrielle auf den Stuhl, den Tisch, an dem sie mit einem jungen Mann sitzt. François spielt die Leitmelodie Gabrielles Lied, das er kennt. Gabrielle jetzt auf dem Tisch. Hoch über allen Köpfen. Dreht sich, sieht sich um im Café, die Augen weit aufgerissen, die rechte Hand darüber gehalten, als könnte sie so besser zu sehen.

Chanel: „Such sie schon den ganzen Tag wo ist sie geblieben?

Hat sie sich versteckt? Bloß wo?"
Qui, q 'a vue Coco?

Wer hat sie gesehen? Hinterm
Vorhang? Unterm Tisch? Im Co-
con? Seide spinnen für die Frau.

Werde immer danach suchen
was mich glücklich macht
weich wie Wasser,
Duft wie Apricot
Qui, q 'a vue Coco?

Wer hat sie gesehen? Hinterm
Vorhang? Unterm Tisch? Im Co-
con? Seide spinnen für die Frau.

Könnt' Gott weiß was zahlen
für die heißgeliebte Seide
hätt ich Geld so viel wie Stroh
Qui, qu 'a vue Coco?

Wer hat sie gesehen? Hinterm
Vorhang? Unterm Tisch? Im Co-
con? Seide spinnen für die Frau."

*Die Gäste rufen Bravo, bravo Coco. Sie setzt sich wieder.
Sichtlich glücklich und zufrieden, dass es geklappt hat.
Étienne Balsan, ihr Gegenüber, springt auf, küsst sie auf
beide Wangen, links, rechts*

Étienne: „Félicitation, Mademoiselle! Vous
                        ètiez raffissant. Glückwunsch. Sie
                        sind zauberhaft."

strahlt sie an, sie lächelt zurück

Gabrielle Chanel: „Vous pouvez m'appeler Gabriel-
                        le. Sie dürfen mich Gabrielle
                        nennen."

Étienne: „Pardon, Mademoiselle, avezvous
                        le contre, si je vous appelle Coco?
                        Pardon mein Fräulein, haben Sie
                        was dagegen, wenn ich Sie Coco
                        nenne?"

Hält ihr das Weinglas entgegen, sie hebt das ihre

Gabrielle Chanel: „Vous-avez raison monsieur: À
                        partire d'aujourd'hui je suis Co-
                        co! Coco Chanel! Salut! Sie haben
                        Recht mein Herr. Ab heute heiße
                        ich Coco, Coco Chanel. Zum
                        Wohl!"

*Hebt ihr Glas, stößt mit Étienne an, François steht auf
und verkündet*

François: „Mesdames et Messieurs, will
                        noch jemand singen? Nur Mut.
                        3000 Franc winken. Keiner
                        mehr, der es wagt? Schade. We-

nigstens hat sich Gabrielle ge-
meldet und ihr Lied gesungen.
Mir scheint, alle anderen haben
die Grippe oder sind anders ta-
lentiert. Dann werde ich mir für
das nächste Mal was Neues aus-
denken. Vielleicht die beste Geschichte aus Eurem Lieblings-
buch lesen lassen. Egal, was Ihr
macht, die oder der Beste erhält
3000 Franc. Wie heute. Auch
wenn es nur eine einzige Person
ist. Aber unsere liebe Gabrielle
Chanel hat diesen Preis verdient.
Oder?"

Publikum: „Coco, Coco, Coco!"

François: „Sie sang ein Lied mit eigenen
                          Text und eigener Melodie. Ich
                          denke, alle hier im Café fanden
                          es formidable."

Die Gäste rufen: „Bravo, vive Coco! Coco Chanel,
                          Coco, Coco, Coco, Coco!"

François gibt ihr einen Umschlag:

                          „Felicitation, Mademoiselle Cha-
                          nel. Voilà vos 3000 Franc.
                          Glückwunsch, mein Fräulein.
                          Hier Ihre 3000 Franc."

*Gäste stehen auf und umarmen sie. Étienne ebenfalls,
beide Arme ausgebreitet. Bereit, sie zu umarmen. Coco,
als hätte sie es erwartet, stellt das Glas ab, wirft sich an
seine Brust. Schmust an seinem Hals, blickt zu ihm auf,
den einen Kopf größeren jungen Mann, von dem sie weiß,
er ist der Sohn eines reichen Bankiers.*

Gabrielle Chanel: „Ich möchte so gerne ein eigenes Geschäft eröffnen. Meine selbst entworfenen Kleider verkaufen. Um endlich davon leben zu können. Jetzt bin ich angewiesen, auf gelegentliche Verkäufe an Bekannte und Freunde. Die 3000 Franc sind prima, aber reichen gerade mal für eine Rolle Seide. Ich aber brauche Tausende.“

Étienne: „Sie haben mich neugierig gemacht. Was für Kleider nähen Sie denn? Doch nicht etwa die hochgeblusten, taillenengen, knöchellangen Marterkostüme, die man über eine Korsage ziehen muss. Damit sie sitzen, die Frau gut aussieht, ihrem Mann zu gefallen. Einmal erzählte Mama mir, es sei eine Qual, sich jeden Morgen hinein zu zwängen und am Abend wieder heraus zu wursteln. Sie bräuchte einen Kleiderlöffel. Wie man Löffel benötigt,

um schnell und glatt in Schuhe
zu kommen."

Coco Chanel: „Dieses Problem der Frauen kenne ich zu genüge. Ihre Beschrei-
bung bestätigt mir, dass ich auf
dem richtigen Weg bin. Auch
meine Mama. Großmama, Tanten
zwängten sich Tag für Tag rein
und wieder raus. Sagten aber
nichts, weil ihre Männer sie darin schön fanden. Kein Mann
denkt an Frau, die sich quält, um
schön zu erscheinen, dem Mann
zuliebe."

„Das habe ich geändert. Meine
Kleider sind kurz, umschmei-
cheln die Knie und sind weit genug, um hineinzuschlüpfen. Aus
Seide oder Baumwolljersey.
Weich und fühlsam wie Seide.
Das Problem der Frau darf nicht
länger ein Problem sein. Können
Sie mir dabei helfen, ein Geschäft
aufzumachen? Damit mehr Frau-
en meine Kleider sehen und kaufen. Erleichtert und trotzdem
schön aussehen und begehrens-
wert. Ich möchte Frauen glücklich machen. Ihr Selbstvertrauen
stärken."

„Glauben muss die Frau an sich.
So wie sie ist, gekleidet nach
eigenen Wünschen. Egal, ob sie
schlank ist oder ein paar Pfunde
zu viel hat. Überzeugt, ich bin,
die ich bin."

Étienne: „Coco, kommen Sie, ich fahre Sie
nach Paris zur Bank. Und . . . vergessen Sie nicht, eine große Ta-
sche mitzunehmen."

*Die beiden verschwinden. Man hört ein Auto abfahren.
Im Café die Lichter aus und dunkel. Akkordeonspieler
François allein auf einem Stuhl. Alt geworden mit langem Bart und unrasiert, allein im dunklen Café, immer
mal wieder auf den Tasten spielend, während er sich er-
innert, werden auf der Rückwand Fotos von Chanels Ge-
schäften, ihren Kleidern, Titel der Vogue und weltbe-
kannte Kundinnen aus der Filmwelt projiziert, Chanel-
Duft im Theater verströmt*

François: „Erinnere vor zwölf Jahren hatte
sie den Bankierssohn am Bändel.
Wer weiß, wen sie sonst noch
abgeschleppt, um ihre Ideen zu
verwirklichen. Coco ist überzeugt, ja geradezu besessen.
Glaubte, Frauen können sich be-
freien. Vom Diktat der

Foto eines Chanel-Geschäftes auf der Rückwand

72

Männer. Half ihnen mit neuen
Kleidern, Kostümen, sich als
Frau gut zu fühlen. Die neuesten
zu kaufen. Oder zehn Jahre zu
tragen. So gut war der Stoff, so
gut genäht. Zeitlos modern."

„Große Kleiderkonzerne be-
drängten sie, versuchten zu ko-
pieren. Als Konkurrentin ge-
fürchtet. Das «Kleine Schwarze»
gefragt von immer mehr Frauen
aus allen Schichten der Gesellschaft. Die Zeitschrift «Vogue»
lobte sie: Coco Chanel ist die
Mode."

*Foto von Mannequins mit dem Kleinen Schwarzen auf
dem Laufsteg*

„Christliche Frauenvereine be-
schimpften sie, ihre kurzen Kleider verderben die Moral. Weil
sie Männer zu Sex nötigen. Und
Frauen vergewaltigen."

„Coco Chanel aber ließ sich nicht
beirren. Blieb sich selbst treu.
Vergrößerte das Angebot. Auf
gleich hohem Level alles, was sie
produzieren ließ oder in eigenen
Ateliers und Werkstätten selber

herstellte: Halstücher, Handta-
schen. Ließ ein Parfüm mit ihrem
Namen in Grasse herstellen, das
einzigartig sein sollte. Frauen als
selbstbewusste Individuen cha-
rakterisieren: «Chanel No 5».
Heute kennt es die ganze Welt."

Foto eines Flakons Chanel No 5

„Die berühmtesten Künstlerinnen
trugen und tragen ihre Kleider
immer noch. Zu allen Anlässen
zeigen sie sich nicht nur als Film-
Idol, sondern als selbstbewusste
Frau."

*Fotos nacheinander von Marlene Dietrich, Marilyn
Monroe, Brigitte Bardot, Romy Schneider*

François träumt: „Frau duftet dezent. Frau zeigt
Knie, angedeutet die Figur. Frau,
die Eva der neuen Zeit. Ich war
verliebt in Coco. Rettungslos
verliebt. Verfolgte ihren Werde-
gang und hätte sie geheiratet.
Leider aber war sie schon vergeben. Hatte sich in einen Deutschen verliebt. Walter Schellenberg, Mitglied einer Wider-
standsgruppe gegen Hitler. Als
neutrale Vermittlerin sollte sie

74

Kontakt zu Churchill aufnehmen.
Einen separaten Frieden mit
England zu schließen. Der aber
hatte die Grippe und sagte das
Treffen ab. Wie ich in der Zeitung las, starb sie einsam und allein in einem Pariser Hotel, Zei-
chenblock und Stift in der Hand.
Der Name Coco Chanel aber
bleibt.

Vorhang

Nachspiel

Personen: Gottvaters Stimme

Bühnenbild: Nächtlicher Sternenhimmel wie beim Vorspiel und Foto Gottvaters auf der Rückwand

Gottvater:

„Coco liebte feine Stoffe. Glaubte an sich und ihre Sendung. Keine schlechte Eigenschaft, standfest zu bleiben. Sich selber treu, Vorbild für andere Frauen."

„Frage mich jetzt: Darf ich Menschen erlauben, einen Stoff zu lieben, wenn sie andere damit glücklich machen? Kann ich akzeptieren, dass Frauen zum Beispiel an sich selbst glauben, statt an mich? Wenn sie sich dann freier fühlen als zuvor? Bisher dem Diktat alles Männlichen unterworfen. Sich quälen mussten, um als Frau zu gelten. Coco verhalf ihnen mit ihren Kleidern zu mehr Selbstbewusstsein. Sie fühlten sich frei und unabhängig. Die Affäre mit Schellenberg verzeihe ich ihr. Ihre Liebe zu Frauen hielt ein Leben lang."

„Was also soll ich tun? Wie geplant, die DNA dieser drei zum Prototyp des ersten Menschen mischen? Cocos DNA Glaube mit Hildegards DNA Liebe und Maries DNA Hoffnung in einer neuen DNA verschmelzen? Um einen neuen ersten Menschen zu erschaffen, der dieses Mal eine Frau ist.“

„Vielleicht noch eine Teststufe dazwischen setzen und Luzifer auffordern, sie in Versuchung führen. Denke an begnadete Künstler, die solche Prüfungen in ihren Werken mit der «Apokalypse» des Apostels Johannes darstellten.“

Mehrere Motive der Apokalypse auf Teppichen in Anger auf der Rückwand

„Berengardus' Miniaturen dieser Visionen. Hennequin von Brügges Wandteppiche mit ausdrucksstarken Bildern. Von Paul Poisson zu 142 laufenden Metern Tapisserien geknüpft. Dante mit gewaltigen Sprachbildern in seiner «Divina Comedia».“

„Doch solche Prüfungen sind
schwierig. Und speziell auf
Männer zugeschnitten. Besser
schaue ich mir jetzt die drei
Frauen genau an. Beobachte ihr
Verhalten und registriere, was
sie denken und tun. Bestehen sie
diese göttliche Inaugenschein-
nahme, steht einer Umwandlung
nichts mehr im Wege.“

„Da fällt mir ein: Habe noch keinen Stoff, formbares Material
wie die Handvoll Erde anno da-
zumal. Nur drei Sinnbilder. Abs-
trakte Begriffe: Glaube, Hoffnung, Liebe. Brauche aber kon-
kretes Material, trotz meiner
Allmächtigkeit. Material wie das
der Erde bei Adam.“

*Man sieht um Gottvater Sterne aufleuchten und wieder
erlöschen, andere aneinander stoßen, klickern wie Nüsse
im Mixer*

Gottvater: „Ich habe mir überlegt, alle drei
einzuladen, sich bei mir im
Thronsaal zu treffen. Damit sie
sich kennenlernen. Wenn sie die
sind, für die ich sie halte, bringen
sie den Stoff mit, aus dem ich
den neuen Menschen formen

kann. Werde sie gleichzeitig beobachten, ob sie miteinander
harmonieren. Als wären sie eine
Person. Und mit sich einverstanden. So wie sie sind."

„Alldieweil ihre Körper bereits
seit langem verwest sind, werde
ich ihre Seelen um mich ver-
sammeln. Das einzig Unsterbli-
che des Menschen, das mir
gleicht. Der menschliche Körper
sollte zerfallen und die Erde
düngen. Damit Stoffe entstehen,
die andere in den Stand setzen,
Gutes zu tun. Wie diese drei
Frauen."

Selbstbewusst und zuversichtlich Gottvaters Stimme

Gottvater: „Zuversichtlich bin ich, bei allem,
                     was ich über diese drei jetzt
                     schon weiß. Freue mich unbän-
                     dig, eine Mixtura aus drei DNAs
                     zu bereiten für die neue DNA
                     einer Frau als erstem Menschen.

*Gottvaters Foto blendet aus, Sterne von eben füllen den
Raum aus, jetzt nah und hell leuchtend. Ein Halbmond
leuchtet auf. Vivaldis Sommer aus den Jahreszeiten ertönt. Im Spotlicht sieht man ein Kräuterbüschel heran-
fliegen, strahlendes Etwas und einen Schmetterling, die*

umeinander kreisen, als tanzten sie Ringelreihen. Die Stimme der Äbtissin Hildegard ertönt

Stimme Hildegards: „Heiliger Vater, Gott meines Herzens, gehorsam brachte ich Kräuter mit, die mich ein Leben lang beschäftigten. Einige nannten mich deshalb Kräuter-Nonne. Ein Büschel der verschiedensten Gewächse aus Garten und freier Natur. In allen Säfte und Kräfte, die viele Beschwerden heilen. Geheilte sind dankbar, beten, singen und helfen anderen, wieder auf die Beine zu kommen. Die Kräuter sammeln und zubereiten, wissen, dass Du, allwissender Gott, sie deshalb wachsen lässt.“

Stimme Coco Chanels: „Lieber Gott im Himmel, ich habe Dir einen Schmetterling mitgebracht. Seidenspinner nennt man diese Sorte. Bevor er fliegen kann, wächst er in einem Kokon heran. Ach was erzähle ich da? Du hattest ihn ja schon in Deinem Plan, als Du alles erschaffen, was auf der Erde kreucht und fleucht. Zu diesem Treffen habe ich einen für mich typischen Stoff mitgebracht, aus dem ich

Kleider schneidere. Auch den kennst Du bereits. Sage es aber trotzdem, weil ich überzeugt bin: Seide ist der beste Stoff. Fordert zwar größte Sorgfalt beim Schneiden und Nähen. Aber ein Kleid aus Seide schmeichelt der Frau wie kein anderer Stoff. Eignet sich für jeden Schnitt, wird allen Anlässen gerecht. Dankbar sind Frauen, schöner auszusehen in einem Seidenkleid. Weil sie sich gut fühlen. Als Frau bestätigt zu sein. Bestärkt im Glauben an sich selbst."

 „Monsieur du ciel et de la terre, Herr des Himmels und der Erde, ich habe nichts wie diese beiden Frauen, konkret und jedem bekannt. Mein Mitbringsel nur ein Stück Gestein. Mit Spuren von Radium, das Sie in Jahrmilliarden entstehen ließen. Bringe mich selber mit. Eine Frau, die am 7. November 1867 in Polen das Licht der Welt erblickte. Um gut zwei Jahrzehnte später ein anderes Licht zu entdecken. Das mir göttlich vorkam. Und mit meinem Dazutun den Menschen half. Bin gespannt, ob Sie, le

Grande Créateur, großer Schöpfer, Neues, noch nie gesehenes mit diesem strahlenden Element erschaffen werden."

Grummeln im Hintergrund, das Foto Gottvaters erscheint auf der Rückwand

Gottvaters Stimme: „Ganz schön frech diese Polin und Coco Chanel. Kein Respekt, keine Ehrfurcht wie bei allen, die an mich glauben und mich fürchten. Zweifelt sie etwa an meinen Fähigkeiten? Obwohl sie mich Herrn des Himmels und der Erde nannte? Le Grande Créateur? Wissenschaftler benutzen Begriffe, wenn sie überzeugt sind, sie passen. Passt es jetzt?"
„Ahnt sie meine Absicht, die DNA der drei Frauen zu einer zu verschmelzen? Es kann doch sein, dass Hoffnung das Amalgam der neuen DNA ist. Glaube und Liebe zu verschmelzen. Die drei zusammen das Merkmal des neuen ersten Menschen, der eine Frau ist."

Von drei Seiten treten Hildegard, Coco und Marie als lebendige Personen auf, strecken ihre Hände zum Himmel - und schon in ihnen das Mitbringsel, das sie kennzeich-

net. In Hildegards Hand ein Kräuterbüschel, In Cocos ein Meter Seide, in Maries ein strahlendes Etwas (LED-Leuchte)

Coco Chanel: „Der Herrgott hat uns hierher bestellt. Er wird wissen warum. Ich weiß es nicht. Darf ich mich vorstellen? Ich heiße Coco, bekannt bei allen Frauen. Und denen, die sie lieben, seit sie sie als Frau auftreten lassen. Selbstbewusst in meinen Kleidern. Unabhängig von Männern mit ihren altmodischen Ansichten. Ihrem Verlangen nach Sex und blindem Gehorsam. Überall wollen sie der Herr sein. Wir Frauen sollten zusammenhalten. Eines Sinnes sein in wichtigen Dingen. So als hätten wir eine gemeinsame DNA.“

Marie Curie: „Ich bin der gleichen Meinung, liebe Coco. Mein Name ist Marie. Doch sollte jede von uns ihre Eigenart behalten. Das Typische ihrer Natur. Und ihrer individuellen Begabung. Einzig in der Vielfalt, möchte ich formulieren. Ich denke, der Grande Maitre hat es so gewollt, als er die Menschen erschuf. Hätte er nur nicht zuerst Adam, sondern Eva geschaffen. Die Welt sähe anders aus. Habe ich Recht?"

Coco Chanel:

„Gut so Marie, im Grunde bin ich Deiner Meinung. Denke ich aber an die Aufseherinnen in den KZs der Nazis, waren sie genauso schlimm wie die Männer. Nicht selten bestialischer. Betrachte ich aber die Geschichte der Menschheit, waren Männer die größeren Übeltäter. Iwan der Schreckliche, Mao, Stalin, Hitler. Die zahllosen Ehemänner, die ihre Frauen prügeln, vergewaltigen, enterben. Es wird höchste Zeit, dass sich die Reihenfolge ändert. Und Frau an die erste Stelle tritt und das Sagen hat. Habe den Eindruck, als wäre unser Schöpfer der gleichen Meinung. Sonst hätte er uns nicht hierher bestellt.

Hildegard:

„Getauft bin ich auf den Namen Hildegard. Weil ich in der Nähe von Bingen am Rhein in einem Kloster lebte, steht in den Geschichtsbüchern: Hildegard von Bingen. Es liegt mir nicht, viel über mich selbst zu erzählen. Schon gar nicht über die Resultate meiner Arbeit. Die Nachwelt hat es zu genüge getan. Und Gott weiß es sowieso. Er hat uns zusammengerufen, weil er etwas Besonders geplant. Etwas sehr Außergewöhnliches, scheint mir. Sonst könnten wir uns nicht sehen wie Menschen sich sehen, wenn sie lebendig sind."

Coco Chanel: „Mir ist es Recht, wenn sich einiges ändert. Am Ende etwas Neues herauskommt. Etwas, was uns Frauen hilft, Frau zu sein. Bin fest davon überzeugt, Frau ist nicht nur Körper, der altert. Frau ist Seele. Deshalb fühle ich mich in diesem Augenblick genauso fit wie vor fünfzig Jahren."

Hildegard: „Bei mir ist es bereits fast ein Jahrtausend her, seit ich durch den Garten ging, um Kräuter zu säen. Mich bückte, wieder erhob. Und das hunderte, tausende Male, ihre Düfte in der Nase. Coco hat Recht, auch ich spürte meine Seele mehr, lebendiger als meinen Körper. Schleppte ihn wie eine Nebensache mit mir herum

und freute mich, wenn er mir
gehorchte. Und gesund blieb.“

Marie Curie: „Als Physikerin weiß ich um die
Veränderungen im Leben. Nichts
bleibt, was es ist. Nur Erkenntnisse bleiben, sind sie richtig
fundiert. Alle unsere Fähigkeiten
gebündelt beweisen, was zu beweisen ist: Frau hält mehr aus
als Männer. Besitzt das bessere
Einfühlungsvermögen. Und be-
treibt maßlos, was sie liebt. Bei
allem aber bleibt sie immer Frau,
die sie ist. Ihr beide habt Recht.
Die Seele der Frau ist Siegerin in
allen Gefechten. Ihr Gespür für
das Richtige, das Wahre. Jede auf
ihre eigene Art und Weise.“

*Frauenchöre ertönen im Raum, schallen im ganzen
Theater. Auf der Rückwanderstrahlt das Foto Gottvaters
im göttlichen Nimbus*

Stimme Gottvaters: „Meine geliebten Kinder, ich habe
Euch kommen lassen, weil ich
Großes, was sage ich, Einmaliges
mit Euch vorhabe. Ihr habt in
Eurem Leben geglaubt, gehofft
und geliebt. Trotz vieler Widrig-
keiten. Anders als die meisten
Männer. Ihr habt mich ermutigt,

die Schöpfungsgeschichte neu zu
schreiben. Jetzt soll ein Einziges
werden aus Euch drei. Ich werde
jetzt die DNA einer jeden von
Euch zu einer verschmelzen.
DNA einer Frau, die damit die
erste einer neuen Menschen-
Geschichte ist. Mit Privilegien,
die bisher die Männer für sich
reklamierten. Den Mann werde
ich an die zweite Stelle setzen.
Denn wie mir Euer Leben be-
weist, seid Ihr, von wenigen Ma-
keln abgesehen, die besseren
Menschen. Und damit Vorbild für
alle, die noch kommen. Ob sie an
mich glauben oder nicht. Das
Menschengeschlecht als Ganzes
wird davon profitieren.“

Marie Curie: „Mon Dieu, Du magst ein kluger
Kopf sein, aber Deine Idee ist es
nicht wert, realisiert zu werden.
Darf es unter keinen Umständen.
Dann stimmt Dein eigenes Konzept nicht mehr. Wo bleibt unsere
Individualität? Diese wunderbare
Eigenschaft, unverwechselbar zu
sein? Einmalig, geliebt oder ge-
hasst zu werden. Egal. Ich weiß,
wovon ich rede. Ich bitte Dich
herzlich, diesen Plan aufzugeben.“

Gottvaters zornige
Stimme: „Du wagst es, mir, Deinem Schöpfer zu widersprechen?"

Coco Chanel: „Marie hat Recht, ich wäre nicht
so berühmt, hätte ich nicht aus
eigener Überzeugung das getan,
was niemand tat zu meiner Zeit.
DNA hin, DNA her, es ist meine
DNA. Und sie bleibt es, solange
ich als Seele existiere. Und das
wird ewig sein. Du selbst, mein
Herr und mein Gott, hast es uns
prophezeit durch Deinen Sohn
Jesus Christus."

Hildegard: „Auch ich möchte keine andere
werden. Als dritte Person wie-
derauferstehen. Eine, die sich
selber fremd ist. Nicht mehr, die
sie war und immer noch als Seele weiter existiert. Mit allen Stärken und Schwächen. Dank Deiner Güte Mensch geworden im
Laufe von vierundachtzig Jahren.
Hab Dank dafür, aber lass mich
bleiben, die ich bin."

Alle drei Frauen fassen sich an den Händen und tanzen
im Reigen, aneinander gefesselt, wie es scheint. Einigkeit
zu demonstrieren. Grollen im Hintergrund und Gottva-
ters Stimme

„Wären sie nicht bereits im Himmel, würde ich sie in die Hölle schicken. Zumindest aber im Fegefeuer zum Nachdenken zwingen. Hier in meiner Nähe wagten sie zu sagen, was sie denken. Ganz schön mutig diese drei.

Hatte mir gleich am Anfang solchen Mut gewünscht. Als ich Adam meinen Odem einhauchte. Menschen sollten denken, tun oder unterlassen, was sie für richtig halten. Selbst sich für oder gegen mich entscheiden. Nun hat sich der Eigensinn dieser drei Frauen gegen mich verschworen. Mächtiger geworden als der allmächtige Gott. So sieht es aus.“

„Luther nannte mich den gnädigen Gott. Den großzügig Verzeihenden. Mir bleibt nichts anderes, als tolerant zu sein. Um Luther und mir gerecht zu werden. So wie ich den Priestern meiner Kirchen befehle, Toleranz zu predigen. Wenn ein Mensch den anderen schon nicht lieben kann, sollte er ihn wenigstens akzeptieren. So wie er ist. Wie er sel-

ber akzeptiert werden möchte.
Mit allen Schwächen und Unzu-
länglichkeiten."

*Man hört Rufe, Geschrei, Autohupen, die Stimme eines
Mannes, dessen Worte immer deutlicher werden
Auf der Rückwand das Foto Gottvaters, überblendet
langsam vom Foto Martin Luther Kings und seiner Be-
gleiter.*

Gottvaters Stimme: „Was ist da los? Sehe eine riesige
Menschenmenge auf Straßen,
Schwarze meist. Männer und
Frauen Arm in Arm. Glücklich
ihre Gesichter."

Martin Luther: „I have a dream! Gleichberechtigt
sind wir Schwarze, wie die Wei-
ßen. Menschen und Gottes
Ebenbilder."

*Man hört Jubelgeschrei männlicher und weiblicher Pro-
testmarschierer*

Gottvaters Stimme: „Ich erkenne Martin Luther King,
ein Mann, der für Gleichberech-
tigung gekämpft und deshalb
den Märtyrertod sterben musste.
Es gibt sie doch, die guten Männer. Wenn sich die anderen
nicht so vordrängen würden,
nähme man sie schneller wahr.

Und würde ihnen früher folgen.
Ich selber habe solche gesehen
im Laufe der Jahrhunderte. Martin, Bonifatius, Don Bosco, Bo-
delschwingh, King, Gandhi, Man-
dela, Schweizer."

„Aber auch Frauen im Blick. Immer schon hatten sie Einfluss auf
die Männer. Eva vergesse ich, hat
sie doch ihren Mann zum Ungehorsam verführt. Aber Theodora,
Frau des römischen Kaisers Jus-
tinian, brachte ihn dazu, Prosti-
tution und Mädchenhandel per
Gesetz zu verbieten. Wahrlich
eine gute Tat."

„Frauen der Schweiz erzwangen
als letzte das Stimmrecht 1971.
Immerhin, sie können jetzt Männer oder Frauen wählen. Sicher
gelangen jetzt mehr Frauen in
Positionen, die bisher von Männern dominiert waren. Beobachte immer mehr Herren der
Schöpfung, die Kinderwagen
schieben. Zuhause bleiben, während ihre Frauen Karriere machen. Sie scheinen die Absicht zu
haben, sich bessern zu wollen.
Frauen aber tun bereits, was sie

für besser halten. Von ihrer DNA dazu getrieben."

Gottvater schweigt . . . . . man hört ihn tief ein- und ausatmen

„Nun gut, das mit den drei Frauen war ein Selbstversuch. Noch einmal wollte ich spüren, dass ich der Schöpfergott bin. Jetzt werde ich alles lassen, wie es ist, so wie es war. Sonst wären Menschen gute Menschen. Das «Jüngste Gericht» überflüssig. Und ich als Gott und Richter über Gut und Böse. Lieber bleibe ich, der ich bin und sein werde. Bis in alle Ewigkeit. Mögen auch Menschen sein, die sie sein wollen. Auch wenn sie es nicht sind."

Mächtiger Gospel-Chor mit Frauen und Männern

Vorhang

Über den Autor

Otto W. Bringer, 89, vielseitig begabter Autor. Malt, bildhauert, fotografiert, spielt Klavier und schreibt, schreibt. War im Brotbe-
ruf Inhaber einer Agentur für Kommunika-
tion. Dozierte an der Akademie für Marke-
ting-Kommunikation in Köln. Freie Stunden
genutzt, das Leben in Verse zu gießen. 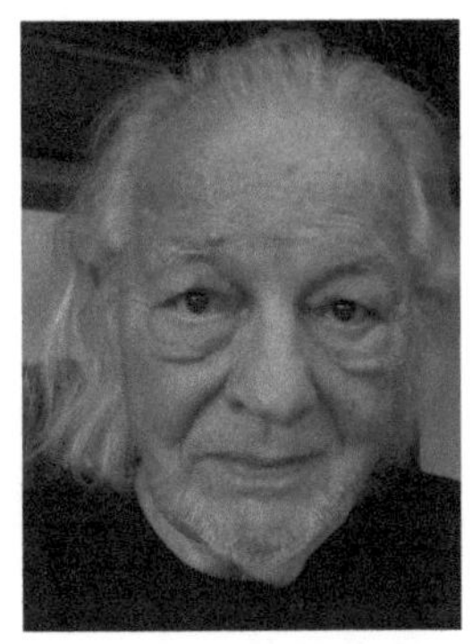
Mit 80 pensioniert und begonnen Prosa zu
schreiben. Sein Schreibstil ist narrativ, "ich
erzähle" sagt er. Seine Themen sind die Liebe, alles Schöne dieser
Welt. Aber auch der Tod seiner Frau. Bruderkrieg in Palästina.
Werteverfall in der Gesellschaft. Die Vergänglichkeit aller Dinge,
die wir lieben. Die zwei Seelen in seiner Brust.

Weitere Bücher von Otto W. Bringer

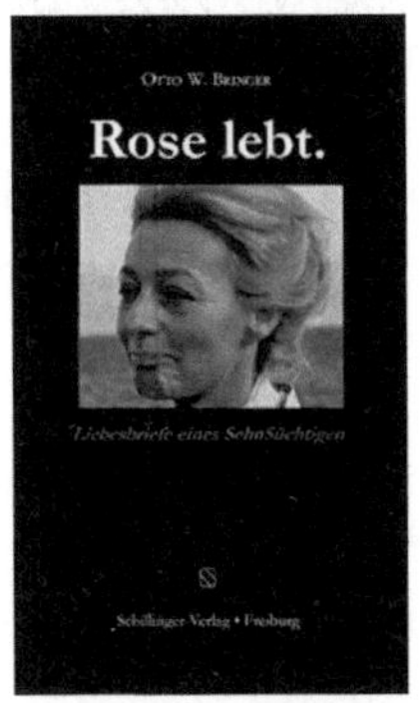

"ROSE LEBT": Wieder auferstanden in diesem Buch. Lebendig in Bildern und Liebesbriefen an die Verstorbene.
Taschenbuch mit 230 Seiten und 15 Fotos

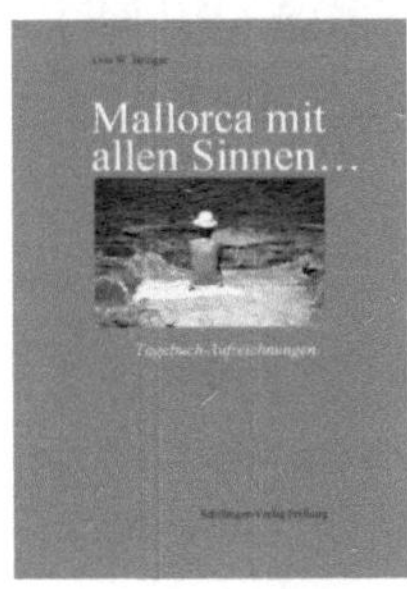

"MALLORCA mit allen Sinnen": Land und Leute kennen und lieben gelernt. Das Meer, die Buchten, in Finkas gewohnt und in Nobelhotels. Mit Einheimischen gefeiert.
Taschenbuch mit 212 Seiten und 21 Fotos, auch als E-Book lieferbar

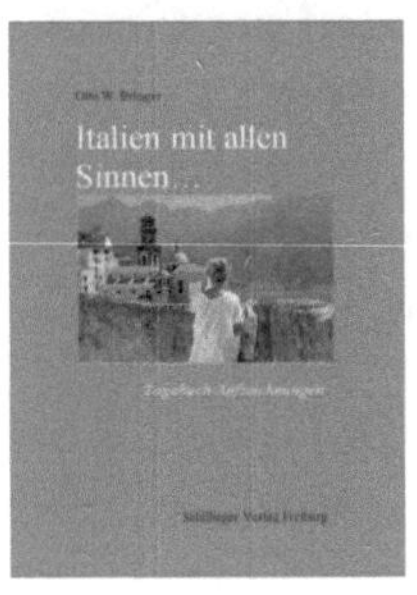

"ITALIEN mit allen Sinnen": Die Wiege abendländischer Kultur. Ziel ihrer Sehnsucht, Menschen kennenzulernen. Zu sehen, zu erleben, was Kunst ist. Einschließlich kulinarischer Genüsse.
Taschenbuch mit 242 Seiten und 21 Fotos, auch als E-Book lieferbar

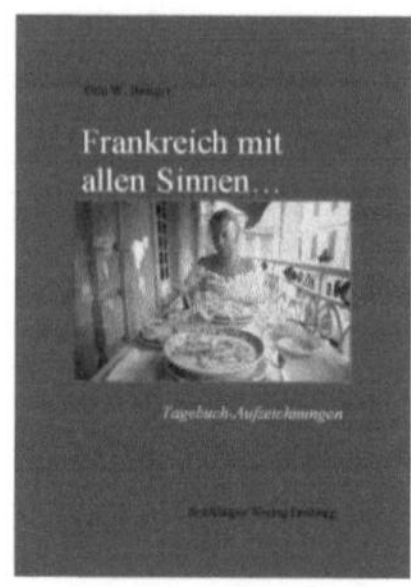

"FRANKREICH mit allen Sinnen": Nachbarland, in dem Geschichte lebendig ist. In römischen Theatern, Klöstern und Königsschlössern. Kultur eingeatmet, Geschichte hautnah erlebt. Sterneküche und Bistros genossen.

Taschenbuch mit 220 Seiten und 30 Fotos, auch als E-Book lieferbar

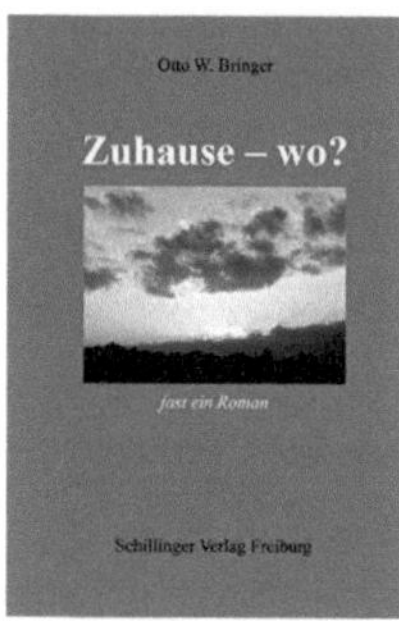

"ZUHAUSE – Wo?" Autobiographie, eine lange, detailreiche Geschichte. Mit Niederlagen und Siegen. Überraschenden Höhepunkten und geplanten Erfolgen. Liebe und Tod die Eckpunkte allen Geschehens.
Taschenbuch mit 443 Seiten

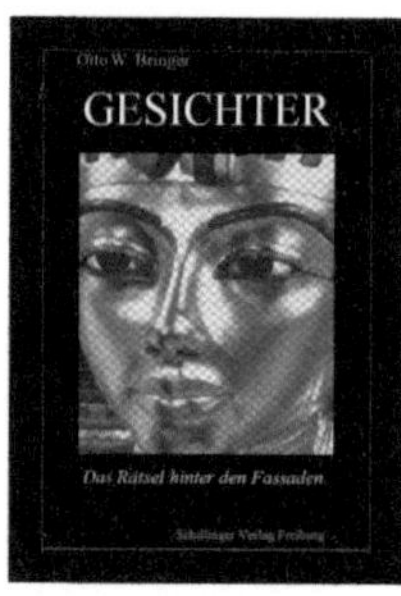

"GESICHTER das Rätsel hinter den Fassaden" Alles hat ein Gesicht. Essays über Pharaos Goldmaske, Jesus von Nazareth, Karl der Große, Goethe, Adenauer, Marilyn Monroe u.a. Ein Hund, Landschaft, Städte und der Autor selbst im Spiegel. Findet er des Rätsels Lösung?
Taschenbuch mit 250 Seiten und 18 Abb., auch als E-Book lieferbar

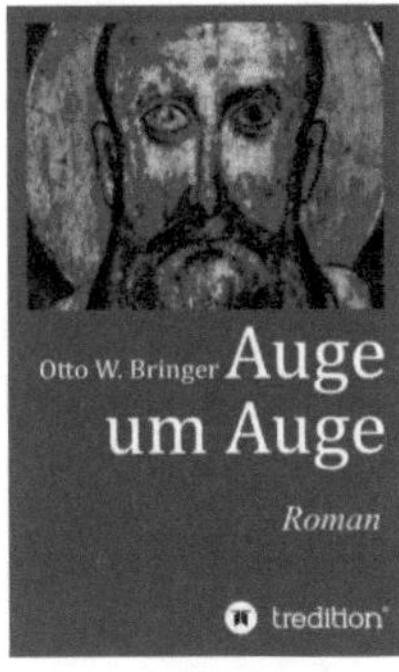

"AUGE um AUGE": Roman über den Konflikt zwischen Juden und Palästinensern. Politische und gesellschaftliche Probleme. Ein Mann und zwei Frauen darin verwickelt. Eine von ihnen ist Jüdin. Engagiert mit ihrem Freund für Versöhnung. Sie lernen sich kennen und das Drama nimmt seinen Verlauf. Tote auf allen Seiten. Ein Mann, eine Frau bleiben und ein dreijähriges Kind.

Taschenbuch und Hardcover mit 286 Seiten, auch als E-Book lieferbar

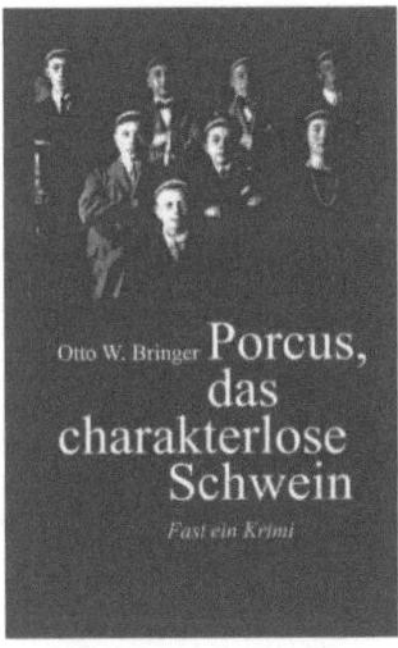

"PORCUS – das charakterlose Schwein" Fast ein Krimi. Lebenslauf von Gymnasiasten, die sich mit lateinischem Namen ansprechen. Porcus einer, der sie verpetzte, als sie in der Pause mit Mädchen schmusten. Später versuchte er einen von ihnen zu töten. Was ihm nach vielen schlimmen Ereignissen zum Schluss auch gelang. Weil er einen schlechten Charakter hatte?

Taschenbuch und Hardcover, 224 Seiten, auch als E-Book lieferbar

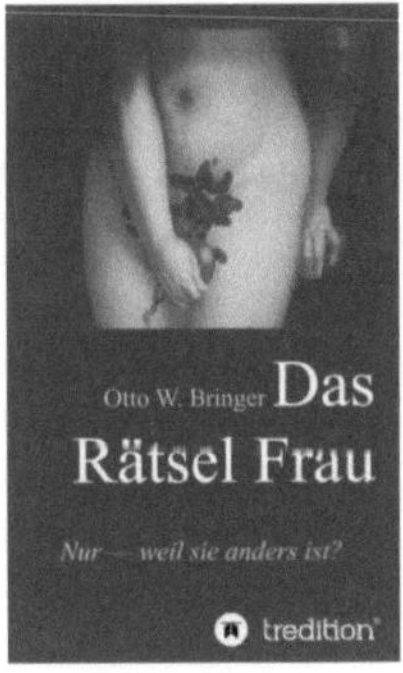

"Das Rätsel Frau" – aus der Sicht des Mannes. Weil sie anders ist. Nicht nur anders aussieht, sondern vor allem anders denkt, fühlt, reagiert und entscheidet.

Taschenbuch und Hardcover mit 144 Seiten, auch als E-Book lieferbar

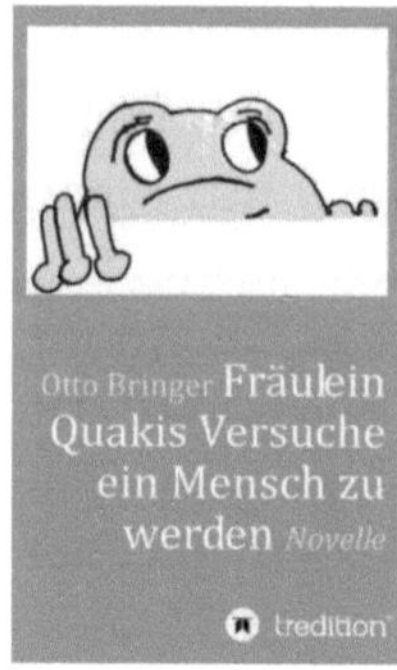

"Fräulein QUAKIS Versuche ein Mensch zu werden". Geschichte einer Freundschaft zwischen einem kleinen Mädchen und einem Froschfräulein. Was so hoffnungsvoll begann, endet in einem Desaster. Alle Versuche Deutsch zu lernen scheitern. Wundermittel, Wallfahrten und Gentransplantion bleiben erfolglos. Sie bleibt ein Frosch. Und endet nicht wie der Frosch in Grimms Märchen.

Taschenbuch und Hardcover mit 104 Seiten, auch als E-Book lieferbar

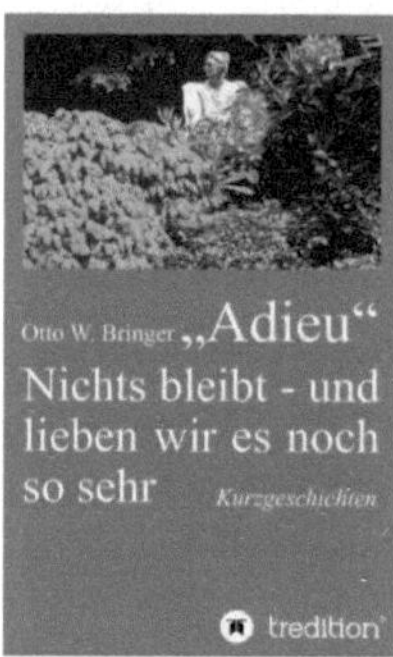

"Adieu – Nichts bleibt …"
Jeder weiß, dass Abschiednehmen zum Leben gehört. Sich trennen müssen von dem, was wir lieben, gewohnt sind. Wir verdrängen den Gedanken daran, aber es hilft uns nicht. Leben heißt sich verändern. Kommen und gehen wie Frühling, Sommer, Herbst und Winter. Wachsen und reifen und sterben. Sonst wäre es nicht lebendig, sondern tot.
In 38 Kurzgeschichten erzählt der Autor, wie er selbst und viele andere dieses ständige Abschiednehmen erlebten. Besser gesagt überlebten. Jedes Mal tieftraurig danach, gefasst oder reifer geworden in Einsicht und Charakter. Entschlossen Neues zu beginnen oder es hinzunehmen wie ein unvermeidliches Schicksal.
Taschenbuch und Hardcover, 187 Seiten, auch als E-Book lieferbar

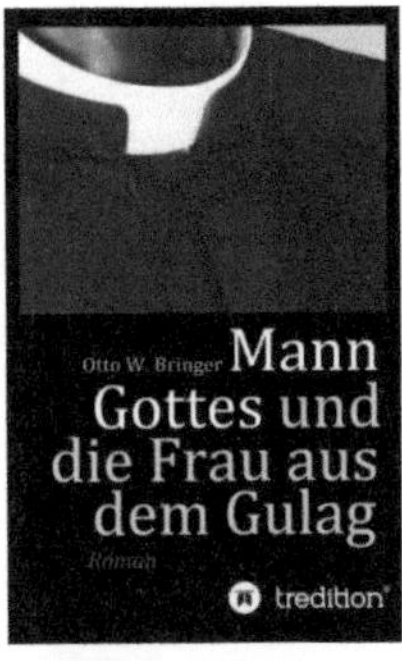

"Mann Gottes" Der Mann Theologe und Dozent an einer katholischen Akademie. Die Frau heimgekehrte Russlanddeutsche, verheiratet. Sie verlieben sich, begehren einander. Probleme bleiben nicht aus. Innere Zweifel, äußere Zwänge führen zu einem Fiasko.
Taschenbuch und Hardcover, 224 Seiten, auch als E-Book lieferbar

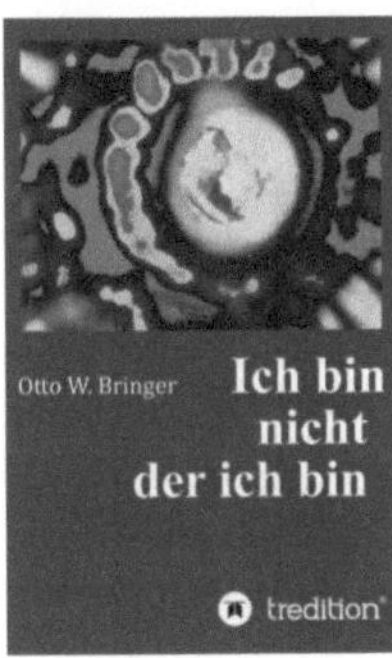

"Ich bin nicht der ich bin" Wer bin ich? Die Frage treibt den Autor um. Denkt und denkt und kommt nach vielen gedanklichen Pirouetten zur Erkenntnis: ich bin ein Mensch wie andere. Mal so, mal so. Wechselhaft wie das Wetter.

Taschenbuch und Hardcover, 83 Seiten, auch als E-Book lieferbar

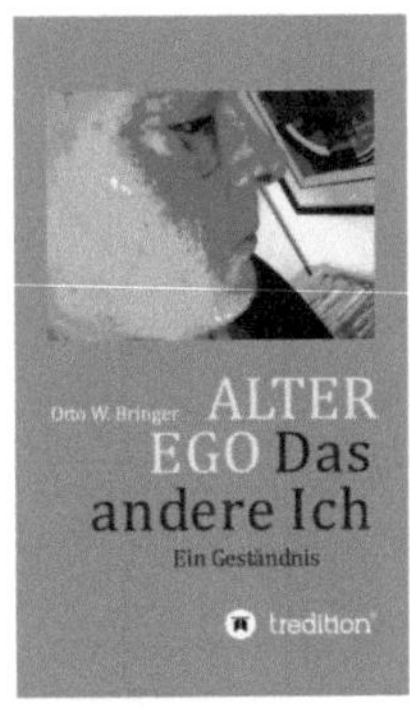

„ALTER EGO – das andere Ich" Das Leben eines Mannes, der zweihundert werden will. Unterwegs zu den fantastischsten Abenteuern. Alltags in Freiburg, im Universum auf den Flügeln seiner Fantasie. Und bei sich selbst. Herauszufinden, wer er ist. Liebt, malt, spielt Klavier, kocht. Ein Mensch mit mehr als zwei Identitäten? Alle in einer Person? Mehr als Gott in drei. Höchst spannend, seiner Vita zu folgen. Der Auferstehung seiner toten Rose.
Taschenbuch und Hardcover mit 384 Seiten. Auch als E-Book lieferbar.

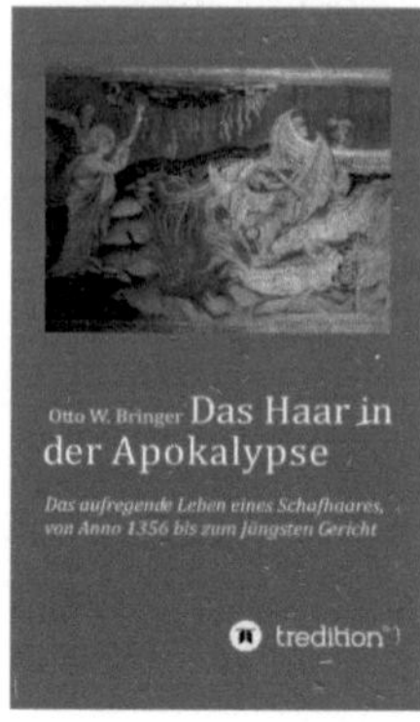

„Das Haar in der Apokalypse" Die aufregende Geschichte von einem Haar aus der Wolle eines provençalischen Schafes, im 14. Jahrhundert zu Garn gesponnen, zum Gewand des Apostels Johannes und Gottvaters geknüpft. In fantastischen Bildern der Apokalypse, den Endzeitgesängen des Johannes, auf riesengroßen Teppichen nebeneinander gehängt in einer Länge von über 100 Metern.

Ein ausdrucksvoll eindringliches Spektakel mittelalterlicher Vorstellungen vom Ende der Welt - und einem Haar, das nicht sterben wird, solange die Teppiche im Schloss von Angers an der Loire hängen.

Taschenbuch und Hardcover mit 136 Seiten. Auch als E-Book lieferbar.

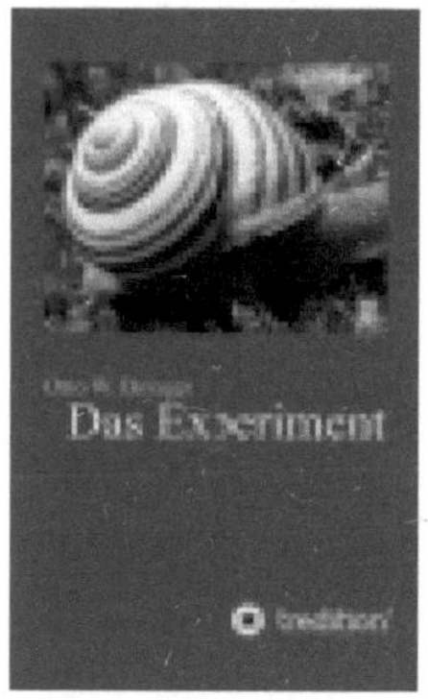

„Das Experiment" Parabel könnte man dieses Buch nennen. Philippe Emmanuel Escargot ist klein von Ge-stalt. Hoch begabt, träumt, der Größte zu werden. Die Idee Im Kopf, Häuser für Menschen zu bauen, die wie Schneckenhäuser aussehen und funktionieren. Zuhause sein und un-terwegs gleichzeitig. Studiert Architektur, experimentiert, verliebt sich. Schei tert, beginnt wieder von Neuem. Er will mit seiner Freundin im Schneckenhaus wohnen. Das Experiment gelingt, wie es den Anschein hat.

Taschenbuch und Hardcover mit 244 Seiten. Auch als E-Book lieferbar.

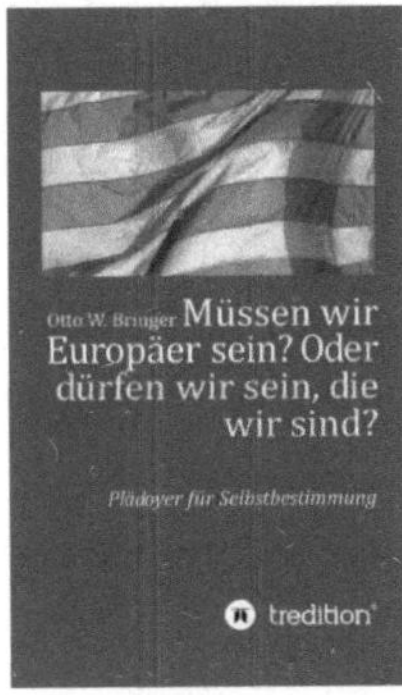

In der modernen Welt wird es für das Individuum zunehmend schwieriger, sich gegen Visionen von Größe bei Politikern zu behaupten und Moden aller Art, die laufend wechseln. Globalisierung und Digitalisierung nehmen zu, in bisher unvorstellbarem Tempo, gefährden Arbeitsplätze, ver-wischen Maßstäbe. Groß muss alles sein, um mehr Macht zu haben. Der Einzelne scheint wehrlos. Die Gefahr, sich selbst zu verlieren, ist groß – Selbstbestimmung nur noch ein Wunschbild? Beispiele in diesem Buch zeigen, dass es geht, wenn der Mensch seine Ansprüche reduziert und ein bisschen Mut aufbringt der zu sein, der er ist.

Taschenbuch und Hardcover mit 228 Seiten. Auch als E-Book lieferbar.

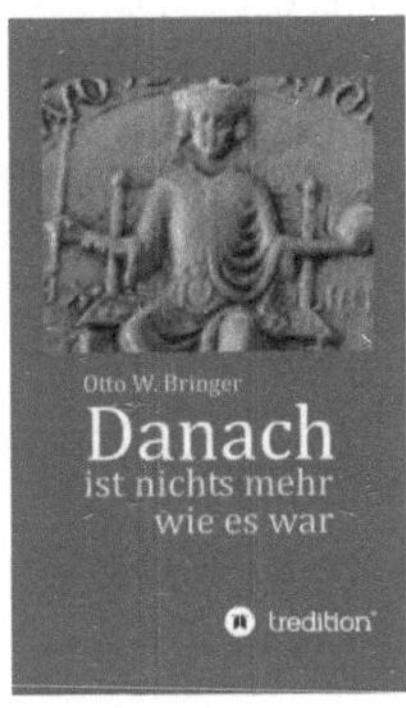

Friedrich II., Kaiser des Heiligen Römischen Reiches — der mächtigste und fortschrittlichste Potentat seiner Zeit wird aller Ämter beraubt. Was macht ein Mann, den die Kirche entmachtete? Der als Erster ein Gesetz zur Reinhaltung der Luft erließ? Der Fremde in sein Land holte, um es zu bereichern? Der Universitäten gründete, Bücher schrieb und Frauen nicht nur liebte, um Nachfolger zu haben?

Taschenbuch und Hardcover mit 400 Seiten. Auch als E-Book lieferbar.

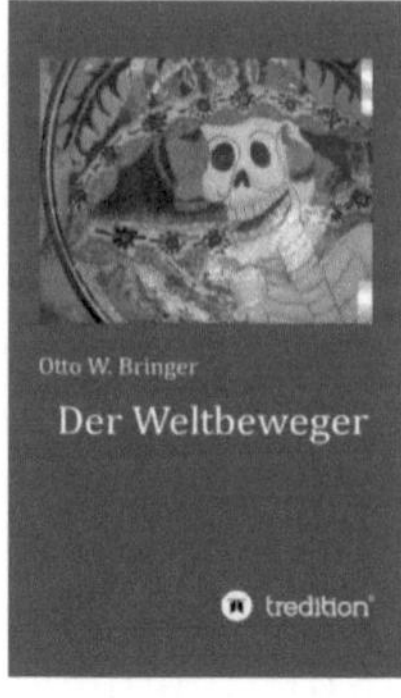

Nichts bewegt Menschen so sehr wie Sterben und Tod. Die Angst vor dem endgültigen Aus besteht zwar meist unbewusst, treibt uns aber an und motiviert uns, am Leben zu hängen, es zu lieben - mit allen Fasern unseres Seins.

Dieses Buch definiert Gründe für die Angst vor dem Tod, ebenso die Tricks, ihm auszuweichen, ihn zu ignorieren sowie die Rolle der Religionen dabei - vom sogenannt »finsteren Mittelalter« bis in die aufgeklärte Gegenwart.

Wer es aufmerksam liest, entdeckt hinter allem Positives. Das Buch ist eine Aufklärungsschrift über die Macht des Todes, aber ebenso eine einzige Hymne an das Leben. Die Bekenntnisse des Autors: Liebeserklärungen eines Optimisten.

Taschenbuch und Hardcover mit 356 Seiten. Auch als E-Book lieferbar.

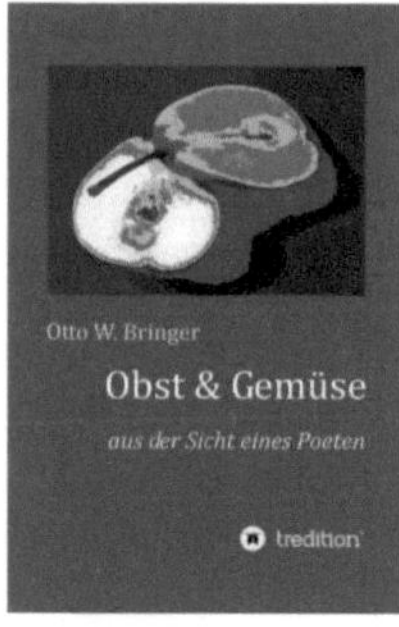

Obst und Gemüse sind die gesunde Basis unserer Ernährung, das weiß jeder halbwegs vernünftige Mensch. Vielleicht muss man aber auch ein Biologe sein, um zu wissen, warum.

In diesem Buch hat ein Poet sich inspirieren lassen, Obst und Gemüse auf seine Weise gesehen und interpretiert – anders als Markt, Supermarkt und Biologen es definieren.

Formen verändern sich und bleiben, was sie sind. Farbe zeigt Wechselwirkungen. Alltägliches kommt auf neue Gedanken, träumt Schönes, wird Bild und Vers.

Taschenbuch und Hardcover mit 108 Seiten. Auch als E-Book lieferbar.

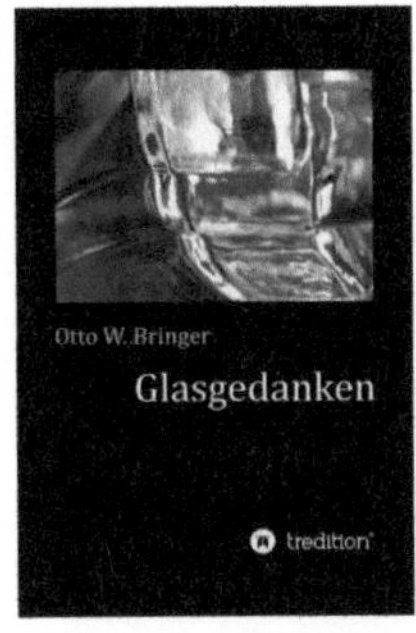

Gläser, Schalen, Krüge, Kugeln, Leuchter aus flüssigem Kalk-Natron – geblasene gläserne Gegenstände sind nützlich zumeist. Schön manchmal. Immer aber zerbrechlich. Wir gehen sorgsam mit ihnen um. Putzen, polieren, damit's blinkt, schön glänzt und durchsichtig ist. Es könnte dahinter noch was zu entdecken sein. Anregendes. Nachdenkliches. Gefühle wecken. Erinnern, bewegen und hoffen wider alle Hoffnung.

Alles das kann geschehen, denn der Autor dieses Büchleins hat Gläsernes ins rechte Licht gerückt. Im richtigen Moment auf den Auslöser der Kamera gedrückt. Die Fotos im PC modifiziert. Um sich inspirieren zu lassen zu dem, was Sie in diesem Büchlein lesen. Glücklich, wenn Schönes Sie berührt. Und nachdenklich. Erkennen Sie sich selbst in dem ein oder anderen.

Taschenbuch und Hardcover mit 96 Seiten. Auch als E-Book lieferbar.